高等职业教育航空运输类专业系列教材

民航旅客抵离港业务操作

主 编 吕 雄

科学出版社

北 京

内 容 简 介

本书以民航旅客运输岗位典型工作任务为载体,以旅客乘机流程为主线,涉及旅客乘机登记服务、旅客离港和进港服务、旅客行李发放服务三个岗位的工作内容,共 9 个任务 22 种职业能力。在结构设计上设置了核心概念、学习目标、相关知识、任务实施、问题情境、考核评价、拓展训练 7 个板块。

本书既可作为高职、中职民航运输服务、机场运行服务与管理等专业的教学用书,也可以供民航企业员工培训使用。

图书在版编目(CIP)数据

民航旅客抵离港业务操作 / 吕雄主编. -- 北京:科学出版社,2025.3.
(高等职业教育航空运输类专业系列教材)

ISBN 978-7-03-079270-9

Ⅰ. F560.9

中国国家版本馆 CIP 数据核字第 2024YL5253 号

责任编辑:高立凤 / 责任校对:赵丽杰
责任印制:吕春珉 / 封面设计:东方人华平面设计部

科 学 出 版 社 出版
北京东黄城根北街 16 号
邮政编码:100717
http://www.sciencep.com

三河市骏杰印刷有限公司印刷

科学出版社发行　各地新华书店经销
*

2025 年 3 月第 一 版　　开本:787×1092　1/16
2025 年 3 月第一次印刷　　印张:11 1/2
字数:265 000

定价:49.00 元
(如有印装质量问题,我社负责调换)

销售部电话 010-62136230　编辑部电话 010-62135763-2052

前　言

随着民航业快速发展，整个民航业需要大量懂技术、会操作的高素质技术技能人才，加快编写体现先进教学理念、紧贴民航业岗位实际、内容丰富、形式新颖的高质量教材，是当前职业院校航空运输类专业教学的迫切需要，也是积极落实职业教育"三教"改革的具体行动。

本书依据上海市中等职业学校航空服务专业"民航旅客抵离港操作"课程标准，参照1+X民航旅客地面服务职业技能等级证书相关标准而编写。编者改变以往以知识逻辑体系编写教材的思路，基于对民航旅客抵离港相关工作任务分析，按职业能力形成的规律，设计教材结构体系，以具体的岗位职业能力为模块，方便教材动态更新调整。本书内容体现了"贴近社会生活、贴近民航客运工作实际、贴近学生学习特点""与民航客运职业岗位群对接、与1+X证书民航旅客地面服务职业技能等级标准对接、与民航客运实际工作过程对接"的"三贴近""三对接"，更加注重学生职业核心能力的培养和职业服务意识的养成。

本书符合学生认知特点，体现了先进职业教育理念，体现了民航行业发展的新技术、新工艺、新规范、新标准。本书以民航旅客运输岗位真实生产项目、典型工作任务等为载体，以旅客乘机流程为主线，涉及旅客乘机登记服务、旅客离港和进港服务、旅客行李发放服务三个岗位的工作内容。本书所使用到的离港前端系统操作部分，均采用了目前国内民航机场使用的中国民航信息网络股份有限公司的Angel新一代离港前端系统，配图均采用民航客运岗位的现场工作场景，内容上引入了民航客运岗位新技术和设备操作，如自助设施、人脸识别设备等。

本书由上海市航空服务学校正高级讲师、民航职业教育教学指导委员会委员吕雄担任主编，上海民航职业技术学院陆东、郑婕和上海市航空服务学校薛路花参编，由中国东方航空股份有限公司上海保障部原副总经理施筱礼负责审核。具体编写分工如下：工作领域一中的工作任务一、工作任务二和工作任务三由陆东编写，工作领域一中的工作任务四和工作任务五由吕雄编写，工作领域二由郑婕编写，工作领域三由薛路花编写。

本书在编写过程中，得到了中国东方航空股份有限公司蔡泳和上海民航华东凯亚系统集成有限公司相关技术人员的大力帮助，在此表示衷心的感谢。同时，编者参考了大量国内航空公司客运部门资料，在此向有关作者一并表示感谢。

由于编者水平有限，书中不足之处在所难免，恳请广大读者批评指正。

编　者

2024 年 11 月

目　录

工作领域一　旅客乘机登记服务

工作领域二　旅客离港和进港服务

工作领域一　旅客乘机登记服务

　　旅客购买机票后并不能直接登机，而是要先办理乘机登记。乘机登记又称值机，是为旅客办理乘机手续、接收旅客托运行李等旅客服务工作的总称。

　　随着信息化技术的发展，相对于以往人工柜台办理乘机登记的方式，目前自助值机设备和移动值机设备的投入使用使旅客乘机登记办理进入了一个全新的服务模式。

　　在本工作领域中，你将按照旅客乘机登记服务岗位工作流程，具体完成准备航班、检查旅客乘机证件、接收旅客、收运行李、关闭航班等典型工作任务，结合《民航旅客地面服务职业技能等级标准》中初级和中级部分要求，掌握乘机登记的相关技能要求与知识。旅客乘机流程如图 1-0-1 所示。

图 1-0-1　旅客乘机流程

工作任务一　准　备　航　班

职业能力一　快速准确地准备好乘机登记
岗位工作中所需要的业务用品

核心概念

乘机登记又称值机，包含为旅客办理乘机手续、接收旅客托运行李等相关地面服务工作。

学习目标

1. 准确掌握并复述乘机登记的概念。
2. 准确区分乘机登记所需准备的基本业务用品及其作用。
3. 登录 Angel 新一代离港前端系统，搜索并查看指定航班信息。
4. 按照航班信息数据，准备好登机牌、行李牌等各类标志及其他业务用品。
5. 在业务用品准备的过程中，需要使用的业务用品种类准备齐全、数量合适，培养严谨细致的职业素养。

相关知识

一、乘机登记所需准备的基本业务用品及其作用

1. 登机牌

登机牌是旅客在办理乘机手续时领取的带有登机信息等内容的乘坐飞机的登机识别牌。登机牌正面印有机场、航空公司或其他民航机构的名称和徽记，以及乘机人姓名、航班号、航班起讫站、座位号、舱位等级、日期、登机时间、登机口等信息。

2. 行李牌

行李牌是拴挂或粘贴在托运行李上的带有编号及始发站、终点站内容的识别标识牌。行李牌从用途上可分为直达运输行李牌和联程运输行李牌两种，从式样上又分为粘贴式行李牌和拴挂式行李牌。

3. 易碎物品标识

易碎物品标识是用于提醒行李分拣人员和货运人员在搬运行李过程中轻拿轻放的标识牌。承运人为了提高行李运输质量，对旅客托运的易碎物品，除拴挂行李牌外，还会在行李上粘贴易碎物品标识。

4. 优先行李牌

优先行李牌是用于粘贴在高舱位旅客或高端会员旅客的托运行李条上，飞机到达后旅客可以优先拿到行李的标识牌。

5. 收费单

收费单是用于通知旅客缴纳逾重行李、舱位差价、机票改期等费用的单据。

6. 特殊旅客服务通知单

特殊旅客服务通知单是用于服务特殊旅客过程中信息交接的单据。如果航班上有重要旅客、无成人陪伴儿童、病残旅客等特殊旅客，工作人员须在此单据上填写该特殊旅客的信息，在办理完乘机登机手续后，与特殊服务部门工作人员交接该特殊旅客。

7. 重要旅客交运行李交接单

重要旅客交运行李交接单是出于身份或社会地位的需要，应予以特别礼遇和照料的重要旅客行李交接的单据。

8. 旅客候补登记表

旅客候补登记表是用于在机场自愿等候空余座位乘机的旅客登记信息使用的单据。

9. 紧急出口座位的使用规定通知贴纸

紧急出口座位的使用规定通知贴纸是用于在为旅客安排紧急出口座位时，请旅客阅读并明确紧急出口座位的安排规定，粘贴于旅客登机牌上的贴纸。

10. 行李交接单

行李交接单是用于旅客托运行李信息填写的单据。

11. 免责和利益保证书

免责和利益保证书是在旅客接受非自愿降低舱位等级补偿或弃乘补偿等情况下，签字表明放弃追诉的申明保证文件。

12. 小动物运输申请书

小动物运输申请书是旅客托运小动物前，向承运人申请时填写的相关信息文件。

二、航班信息种类及其查看途径

1. 需要查看的航班信息种类

（1）航班的基本信息

工作人员须了解航班的飞机机型和机号、登机口位置、预定离站时间等基本信息，为准时上岗做准备。

（2）航班的运输信息

在上岗之前，工作人员须及时了解所办理航班的运输信息，包括定座人数、座位预留情况、特殊旅客服务信息等。工作人员应根据不同的情况，准备好相应数目的登机牌、行李牌、各类标志牌等业务用品。

2. 登录 Angel 新一代离港前端系统，查看指定航班信息的途径

（1）登录 Angel 新一代离港前端系统

从桌面快捷方式启动，按要求输入用户名和密码（图 1-1-1），建议使用 Tab 键切换，登录 Angel 新一代离港前端系统。

图 1-1-1　系统软件登录界面

（2）查看指定航班信息的途径

通过 Angel 新一代离港前端系统的执行航班结载（快捷方式为 Shift+F5）界面，选择"SY 信息"，可查看航班总体（SY）信息（图 1-1-2），了解一个航班的基本信息和运输信息。

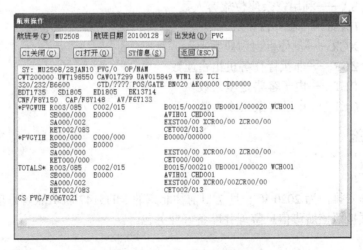

图 1-1-2　航班总体信息显示

① 航班基本信息解释。

第 3 行：320/232/B6600——机型及机号

　　　　　GTD——登机口

　　　　　POS/GATE——停机位登机口

　　　　　BN——登机人数上限

　　　　　AK——航班控制工作号

　　　　　CD——建立接收航班专用信息

第 4 行：BDT——登机时间

　　　　　SD——时刻表公布离港时间

　　　　　ED——预计离港时间

　　　　　BK——登机口控制工作号

② 航班运输信息解释。

第 5 行：CNF/——飞机布局载客量

　　　　　CAP/——可接收旅客量

　　　　　AV/——剩余座位

第 6 行：* ——有效航段（X——无效航段）

　　　　　R——定座人数

　　　　　C——已接收人数

　　　　　B——已办理行李件数/重量

　　　　　UB——速运行李件数/重量

　　　　　WCH——含已办理轮椅旅客人数（其他如 UM——无成人陪伴儿童、I ——
　　　　　　　　　婴儿等）

第 7 行：SB——候补状态旅客

　　　　　B——候补旅客行李件数

　　　　　AVIH——放入货舱的宠物

　　　　　CHD——儿童旅客

第 8 行：SA——利用空余座位旅客人数

　　　　　EXST——额外占座数

　　　　　XCR——额外机组占座数

　　　　　ZCR——非执行任务机组占座数

第 9 行：RET——电子客票定座人数

　　　　　CET——电子客票接收人数

🔖 任务实施

一、任务描述

　　根据工作安排，为 2020 年 8 月 7 日前往北京的 MU5147 航班旅客办理值机手续。在上岗前，须按照该航班信息整理并准备好业务包。

二、任务准备

1）航班业务用品样本。
2）值机员业务箱。
3）人工值机柜台。
4）Angel 新一代离港前端系统。

三、安全及注意事项

能依据航班信息，领取适量的业务用品，保证在岗期间业务用品充足，防止业务流程中断，保证高效办理，确保旅客及时成行。

四、操作过程

序号	步骤	操作方法及说明	质量标准
1	登录系统，打开航班操作界面	① 从桌面快捷方式启动，按要求输入用户名和密码后进入 Angel 新一代离港前端系统。 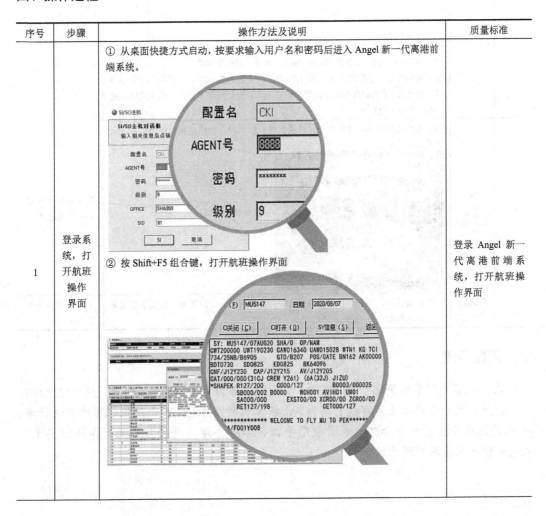 ② 按 Shift+F5 组合键，打开航班操作界面	登录 Angel 新一代离港前端系统，打开航班操作界面

续表

序号	步骤	操作方法及说明	质量标准
2	收集航班信息	选择"SY信息（S）"，查看航班信息。 航班基本信息：该航班机型为734/25NB，飞机注册号为B6905；登机口为B207，登机时间为0730，公布离港时间0825，预计离港时间0825。 航班运输信息：该航班定座人数127人，已接收人数127人，已经办理行李3件，总共25千克。该航班上有轮椅旅客1人，宠物行李1件，无成人陪伴儿童1人，客舱占座行李1件	正确收集航班信息
3	检查业务包	根据航班数据信息，核对业务包内登机牌、行李牌、特殊旅客服务通知单等业务用品有无缺失 	上岗所需业务用品种类无遗漏
4	领取业务用品	根据核对结果，判断是否需要补充缺失的业务用品。如果需要，则在指定业务用品箱内领取	在岗期间业务用品充足

问题情境

在为旅客办理乘机登记手续过程中，发现所准备的空白行李条不够时，应如何处理？

提示：我们在岗位上不可擅自离岗，让旅客长时间等待。可先接收旅客的交运行李，再从其他设备上补打行李牌，或者使用手工行李牌办理，并将旅客的行李牌信息录入Angel新一代离港前端系统。

考核评价

评价类别	评价内容	评价标准	分值	得分
理论知识	复述乘机登记的概念	准确复述乘机登记的概念得分，未完成0分	10分	
	解释业务用品名称及其作用	准确解释乘机登记所需准备的基本业务用品名称及其作用得分。每类业务用品名称或作用解释错误扣2分	10分	
操作技能	查看信息	登录Angel新一代离港前端系统。完成得分，未完成0分	10分	
		通过Angel新一代离港前端系统及时了解与该航班有关的全部信息，所获得的信息完整且准确。每项信息漏报、解释错误扣5分	30分	
	整理业务包	按照航班信息数据，整理好业务包，业务用品齐全且数量合适。每类业务用品准备缺失或数量不足、数量过多扣5分	30分	
职业素养	严谨细致习惯	在业务用品准备的过程中，严谨细致，种类和数量无缺失或无浪费现象得分	10分	

拓展训练

登录Angel新一代离港前端系统，查询当日最早飞往广州的航班，按照该航班信息填写表1-1-1和表1-1-2。

表1-1-1　航班信息

项目	信息
机型	
运输信息	
定座人数	
座位预留	
旅客信息	
特殊旅客	

表1-1-2　业务用品准备

序号	业务用品名称	序号	业务用品名称
1		8	
2		9	
3		10	
4		11	
5		12	
6		13	
7		14	

职业能力二　检查值机柜台（区域）相关设备和旅客自助服务设备运行状况

核心概念

值机柜台（区域）是始发机场和城市航站楼出发大厅中航空公司或机场旅客服务部门为旅客办理乘机登记、行李托运等地面服务的工作柜台及区域（图 1-1-3）。按照航班业务范围及满足差异化服务需求划分，值机柜台（区域）分为不同的专用柜台，如头等舱柜台、公务舱柜台、高端会员柜台、经济舱柜台、团体旅客柜台、特殊旅客柜台、超规行李柜台、召集柜台、值班主任柜台等。

图 1-1-3　值机柜台（区域）

学习目标

1. 区分值机柜台（区域）相关设备名称和作用。
2. 检查电子秤、行李传送带、打印机等设备运行状况是否正常。
3. 检查自助值机设备、自助行李托运设备运行状况是否正常。
4. 在检查相关设备运行状况过程中，关注设备电源、电线等细节，培养安全责任意识。

相关知识

一、值机柜台（区域）相关设备

值机柜台（区域）除旅客处理系统的终端外，还配备有航班信息显示器、值机柜台电子秤及行李传送带等设备。

1. 航班信息显示器

航班信息显示器（图 1-1-4）一般设置在值机柜台上方或后上方，显示器通常用中英文显示柜台编号、航空公司标志、舱位等级、航班号、终点站、经停站、计划（或变更）起飞时间、登机口、备注信息等。

图 1-1-4　航班信息显示器

2. 值机柜台电子秤

值机柜台电子秤由行李传送带和电子称重计量两个部分组成，整套装置称为电子皮带秤，是一种使用便捷的值机柜台托运行李称重装置，在值机柜台上设有一个操作端（图 1-1-5）和一个旅客端（图 1-1-6）。

图 1-1-5　电子秤操作端显示屏及按键

图 1-1-6　电子秤旅客端显示屏

3. 行李传送带

行李传送带（图 1-1-7）由称重皮带、脚踏开关等组成，是将旅客托运的行李输送到行李安检系统进行安全检查，然后送往行李分拣系统的前段设备。

图 1-1-7　行李传送带

二、旅客自助服务设备

1. 自助值机设备

自助值机设备（图 1-1-8）能让旅客根据设备屏幕提示自助操作办理登机牌，如选择座位、确认信息并最终打印登机牌。使用自助值机设备的旅客无须在机场值机柜台排队等候办理登机牌。

2. 自助行李托运设备

自助行李托运设备（图 1-1-9）是集自助值机与自助托运行李为一体的旅客自助服务设备，即一站式旅客自助服务设备，是一种全新的 DIY（do it yourself，自己动手做）值机方式。旅客可以在自助行李托运设备上进行值机选座、办理行李托运等一系列自助操作。

图 1-1-8　自助值机设备

图 1-1-9　自助行李托运设备

◼ 任务实施

一、任务描述

根据工作安排，为 2020 年 8 月 7 日由上海前往北京的 MU5147 航班旅客办理乘机登记手续。在航班开始办理之前，检查值机柜台（区域）相关设备和旅客自助服务设备运行状况，保障航班正常开放。

二、任务准备

1）人工值机柜台。
2）航班信息显示器。
3）值机柜台电子秤。
4）行李传送带。
5）旅客自助服务设备。
6）Angel 新一代离港前端系统。

三、安全及注意事项

在检查相关设备运行状况时应特别关注设备电源插座、插头是否完全接触，是否有裸露的电源线头等，保证设备运行安全。

四、操作过程

序号	步骤	操作方法及说明	质量标准
1	正确登录系统并查看系统状态是否正常	启动并登录 Angel 新一代离港前端系统 	用户名和密码验证正确,进入产品导航界面
2	检查航班信息显示器、值机柜台电子秤、行李传送带、打印机等设备运行情况是否良好	① 检查航班信息显示器中所显示的内容是否正确。航班信息显示器的内容包括正确的航班号、值机状态等要素。 ② 检查值机柜台电子秤是否能正常使用。电子秤操作端和旅客端的显示屏幕工作正常,字体显示完整。 	正确判断值机柜台(区域)相关设备运行情况是否良好

序号	步骤	操作方法及说明	质量标准
2	检查航班信息显示器、值机柜台电子秤、行李传送带、打印机等设备运行情况是否良好	③ 检查行李传送带是否能正常使用。设备启动踏板的开启和闭合有效，设备运转时无异响。 ④ 检查周转箱数量，至少保证 5 个。 ⑤ 将空白登机牌插入登机牌打印机，机器自动吸进停止。机器面板上显示"Online""Ready"字样，且"POWER"指示灯显示绿色。 ⑥ 将空白行李卷正面朝上装入卡槽定位，关闭机器外壳，待机器自动吐出一张空白行李条。机器面板上显示"Online""Ready"字样，且"POWER"指示灯显示绿色。如果机器面板上显示"Jam Err F030B""Remove Media"字样，同时"ERROR"指示灯显示红色，应立即将行李卷移出后重新装入卡槽。 	正确判断值机柜台（区域）相关设备运行情况是否良好

续表

序号	步骤	操作方法及说明	质量标准
2	检查航班信息显示器、值机柜台电子秤、行李传送带、打印机等设备运行情况是否良好	⑦ 开启安检机器，各显示灯正常显示 	正确判断值机柜台（区域）相关设备运行情况是否良好
3	检查旅客自助服务设备运行情况是否良好	① 点击服务项目菜单后系统显示正常，无卡顿现象。 ② 检查是否需要补充空白登机牌 	正确判断旅客自助服务设备运行情况是否良好

问题情境

1）启动并登录 Angel 新一代离港前端系统过程后发现系统崩溃。此时，航班又即将开放，应如何处置？

提示：Angel 新一代离港前端系统是由中国民航信息网络股份有限公司（以下简称

"中航信")开发，国内各机场使用的通用系统。如果系统突发意外，则机场或航空公司会联系中航信解决。对于即将开放的航班，可以先使用手工登机牌和行李牌办理。

2）在检查行李牌打印机过程中，发现机器卡纸，应如何处置？

提示：可以先将空白行李卷全部取出，重新安放后再次尝试。如果无法使用，则可以联系业务部门派人修理。

▣ 考核评价

评价类别	评价内容	评价标准	分值	得分
理论知识	说出值机柜台（区域）相关设备名称及作用	准确说出值机柜台（区域）相关设备名称和作用得分。每类设备名称或作用解释错误扣 5 分	20 分	
操作技能	检查值机柜台（区域）相关设备的运行情况	通过检查值机柜台（区域）相关设备的运行情况，保证各类设备运行正常。每类设备运行不正常且没有正确处置的扣 10 分	40 分	
	检查旅客自助服务设备的运行情况	通过检查旅客自助服务设备的运行情况，保证旅客自助服务设备运行正常。每类自助设备运行不正常且没有正确处置的扣 10 分	30 分	
职业素养	设备使用安全意识	在设备使用过程中，关注设备电源、电线等安全使用细节得分	10 分	

▣ 拓展训练

1）拍摄在登机牌打印机上，补充空白登机牌过程的微视频，上传给教师。

2）拍摄在行李牌打印机上，补充空白行李卷过程的微视频，上传给教师。

3）拍摄在自助值机设备上，使用自己的乘机证件打印虚拟航班登机牌的过程，上传给教师。

工作任务二　检查旅客乘机证件

职业能力一　根据离港系统内的旅客信息，准确检查国内航班旅客乘机证件的合法性、有效性

核心概念

国内航班旅客合法的乘机证件种类：根据 2017 年 1 月 1 日正式实施的《民用航空安全检查规则》规定，国内航班旅客有效乘机身份证件包括以下种类。

中国大陆地区居民的居民身份证、临时居民身份证、护照、军官证、文职干部证、义务兵证、士官证、文职人员证、职工证、武警警官证、武警士兵证、海员证，香港、澳门地区居民的港澳居民来往内地通行证，台湾地区居民的台湾居民来往大陆通行证；外籍旅客的护照、外交部签发的驻华外交人员证、外国人永久居留证；中国民用航空局规定的其他有效乘机身份证件。

16 周岁以下的中国大陆地区居民的有效乘机身份证件，还包括出生医学证明、户口簿、学生证或户口所在地公安机关出具的身份证明。

学习目标

1. 准确阐述国内航班旅客合法的乘机身份证件种类。
2. 准确描述查验国内航班旅客乘机身份证件有效性的方法。
3. 准确、快速查验国内航班旅客乘机身份证件的合法性。
4. 准确、快速查验国内航班旅客乘机身份证件的有效性。
5. 在国内航班旅客乘机身份证件检查的过程中，保持高度警惕，严格遵守操作规程，牢固树立空防安全意识。

相关知识

一、国内航班的概念

国内航班是指只在国内航线上飞行的航班，其航线的起点、经停点、终点均在一国国境内。

二、乘坐国内航班旅客常见的有效乘机身份证件

1. 中华人民共和国（不含港澳台地区）居民乘坐国内航班的有效乘机身份证件

（1）中华人民共和国居民身份证

中华人民共和国居民身份证（图 1-2-1）是用于证明居住在中华人民共和国境内的公民身份证明文件。1984 年 4 月 6 日，国务院发布《中华人民共和国居民身份证试行条例》，并且开始颁发第一代居民身份证。

图 1-2-1　中华人民共和国居民身份证样证

2004 年 3 月 29 日起，我国正式开始为居民换发内置非接触式 IC 卡智能芯片的第二代居民身份证。第二代居民身份证表面采用防伪膜和印刷防伪技术，使用个人彩色照片，并可用机器读取数字芯片内的信息。

（2）中华人民共和国临时居民身份证

居住在中华人民共和国境内的中国公民，在申请领取、换领、补领居民身份证期间，急需使用居民身份证的，可以向常住户口所在地派出所申请领取临时居民身份证（图 1-2-2）。临时居民身份证有效期限为 3 个月。

图 1-2-2　中华人民共和国临时居民身份证样证

（3）护照

中华人民共和国公民可以使用由公安部出入境管理局或中华人民共和国国家移民管理局签发的个人护照（图 1-2-3）购票和乘机，但是旅客的乘机身份证件需要与购票所持身份证件保持一致。

2019 年 3 月前，中华人民共和国普通护照的签发机关为公安部出入境管理局；2019 年 3 月起，普通护照签发机关调整为中华人民共和国国家移民管理局。

如果护照系国外办理，则签发机关为中华人民共和国驻外大使馆或领事馆等其他机构。

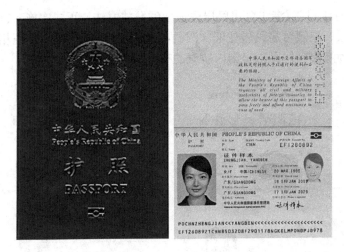

图 1-2-3　中华人民共和国普通护照

2. 中国香港、澳门、台湾地区居民乘坐国内航班的有效乘机身份证件

中国香港、澳门、台湾地区居民乘坐国内航班只能使用区域性证件。区域性证件是指只能用于往来特定地区的区域性出入境证件，其中包括港澳居民来往内地通行证（图 1-2-4）和台湾居民来往大陆通行证（图 1-2-5）。

图 1-2-4　卡式港澳居民来往内地通行证样本

图 1-2-5　卡式台湾居民来往大陆通行证样本

港澳居民来往内地通行证和台湾居民来往大陆通行证的签发机关，分别自 2019 年 6 月起和 2019 年 4 月起，调整为中华人民共和国出入境管理局。在这之前，这两种通行证的签发机关均为公安部出入境管理局。

2018 年 9 月 1 日，《港澳台居民居住证申领发放办法》正式实施，符合条件的港澳台居民均可申领。港澳台居民居住证（图 1-2-6）采用了与居民身份证相同的技术标准制作，可以作为港澳台居民乘坐国内航班的有效身份证件。

图 1-2-6　港澳台居民居住证样本

3. 外籍旅客乘坐国内航班的有效乘机身份证件

（1）外籍旅客护照

外籍旅客一般使用个人护照购票和乘机。

（2）外国人永久居留身份证

2012 年 12 月，中央组织部、人力资源和社会保障部、公安部等 25 个部门联合下发《外国人在中国永久居留享有相关待遇的办法》（以下简称《办法》），明确外国人永久居留证（中国"绿卡"）是获得在中国永久居留资格的外国人在中国境内居留的合法身份证件，可以单独使用。

《办法》规定："乘坐中国国内航班，可凭《外国人永久居留证》办理有关登机手续；在国内乘坐火车，可凭《外国人永久居留证》购买火车票；在国内旅馆住宿，可凭《外国人永久居留证》办理有关入住手续。"2023 版外国人永久居留身份证样本见图 1-2-7。

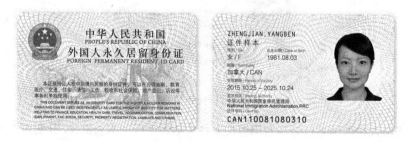

图 1-2-7　2023 版外国人永久居留身份证样本

4. 民航局规定的其他有效乘机身份证件

（1）16周岁以下的中国大陆地区居民乘坐国内航班的有效乘机身份证件

未领取身份证的 16 周岁以下中国大陆地区居民，除个人护照外，还可以使用以下民航局规定的有效乘机身份证件乘坐国内航班。

1）出生医学证明。出生医学证明由国家卫生健康委员会统一印制，以省、自治区、直辖市为单位统一编号。2020 年 12 月 9 日，国家卫生健康委员会发布了《关于依托全国一体化在线政务服务平台做好出生医学证明电子证照应用推广工作的通知》，实现了出生医学证明在线核验、出生医学信息共享复用。出生医学证明电子证照见图1-2-8。

图 1-2-8　出生医学证明电子证照

2）居民户口簿。居民户口簿（图 1-2-9）是证明公民身份、记录居民家庭关系状况的法定证件，是公民经常使用的一种公开性证件。在民航运输中，使用户口簿作为乘机证件的只能是 16 岁以下的未成年人。

图 1-2-9　居民户口簿

（2）临时乘机证明

临时乘机证明是为没有携带身份证的民航旅客提供的一种便民服务措施，仅限中华人民共和国国籍（不含港澳台）旅客乘坐国内民航飞机时作为有效乘机身份证件使用。

区别于以往的纸质临时乘机证明，目前民航临时乘机证明系统由申办软件与验证设备组成，只要使用微信搜索中国民航推出的"民航临时乘机证明"小程序，在手机上填写相应信息，并完成实名认证，即可申请临时乘机凭证，有效期为 15 天。超过 15 天后，可以再次申办。

自 2018 年 8 月以来，民航临时乘机证明系统先后在深圳、长春、榆林、徐州、襄阳等城市的机场上线试运行，从 2019 年 9 月 15 日开始，全国 203 家机场正式启用民航临时乘机证明系统。今后，乘客如果忘记携带身份证或身份证件过期，只要使用微信生成电子防伪二维码（图 1-2-10），即可快速办理行李托运、值机登机手续。

图 1-2-10　临时乘机证明

三、国内航班旅客乘机身份证件的有效性检查方法

1. 乘机身份证件与购票证件的一致性

旅客乘机时出示的证件类型必须与购票时使用的证件类型相一致。

2. 乘机身份证件信息的有效性

（1）人、证对照检查

工作人员接到旅客证件后，要注意观察持证人的"五官"特征，再看证件上的照片与持证人的"五官"是否相符。

（2）证件内容核对

一是核对证件上的信息与离港系统内旅客的信息是否一致；二是查看证件是否在有效期内。如果旅客使用居民户口簿，因为居民户口簿上没有旅客的照片，工作人员主要检查旅客的姓名、身份证号码与离港系统内的信息是否一致，是否为 16 周岁以下的未成年人。

任务实施

一、任务描述

经济舱旅客李长江乘坐 2020 年 8 月 7 日的 MU5147 航班由上海前往北京。航班开始办理后，为该旅客进行乘机身份证件检查。

二、任务准备

1）人工值机柜台。
2）国内航班旅客乘机身份证件样本。
3）Angel 新一代离港前端系统。

三、安全及注意事项

1）能按照值机岗位服务标准和要求迎接旅客，在与旅客交流过程中岗位用语应规范，体现民航的优质服务。
2）在证件检查过程中不漏查、漏检，确保民航运输安全。

四、操作过程

序号	步骤	操作方法及说明	质量标准
1	站立迎接旅客	① 目光环视旅客排队情况，5 米处有旅客排至道口分流处，起身站立，确认有旅客需要办理乘机登记手续。 ② 距离旅客 3 米，上身略前倾，单手五指并拢，举手手掌超过头顶平行线，提示旅客至本柜台办理；若高峰期，可直接从本步骤做起。 ③ 距离旅客 1 米时，面带微笑，颔首示意，使用礼貌用语问候和询问，如"您好""早上好""请"等，同时双手掌心向上，用礼貌用语请旅客出示证件	站立动作统一，服务规范，符合服务礼仪要求
2	进入离港系统检索并选择需要接收的旅客	在 Angel 新一代离港前端系统中选定 MU5147 航班，在"快捷方式（K）"栏中输入旅客李长江的拼音"LICHANGJIANG"。在该航班中找到旅客李长江	按照旅客姓名信息，快速、准确地找到航班中的该旅客
3	判断旅客乘机证件的有效性	根据 2017 年 1 月 1 日正式实施的《民用航空安全检查规则》中有关国内航班旅客有效乘机身份证件的规定，判断旅客的乘机身份证件的有效性	正确判断旅客使用的乘机身份证件的有效性

续表

序号	步骤	操作方法及说明	质量标准
4	检查旅客所出示证件的有效性	① 人证对照，查验证件系本人持有。 ② 确定上述证件为有效证件，在有效期内。 ③ 查看系统界面右上方，核对旅客所持证件上的姓名、证件号与系统中的信息是否一致 	在系统中准确找到旅客证件信息，通过证件有效性检查，确保旅客顺利出行

问题情境

1）旅客在乘机当天到达机场后发现自己购票时使用的身份证不见了，于是出示了自己的驾驶证办理乘机手续。应如何处置？

提示：根据 2017 年 1 月 1 日正式实施的《民用航空安全检查规则》规定，驾驶证不是乘坐国内航班的旅客的有效乘机凭证。可以建议旅客通过微信小程序办理临时乘机证明。

2）旅客使用身份证购买的机票到机场要求用护照值机，是否可以在 Angel 新一代离港前端系统中将旅客 API 信息进行更新，然后为旅客办理乘机登记手续？

提示：乘机登记办理时的证件必须与购票时的证件一致，否则无法通过安检，也无法登机。如果旅客忘记携带身份证或丢失身份证，可建议旅客通过微信小程序办理临时乘机证明。

考核评价

评价类别	评价内容	评价标准	分值	得分
理论知识	描述国内航班旅客有效的乘机身份证件种类	准确描述国内航班旅客有效的乘机身份证件种类得分。每类证件描述遗漏或错误扣 2 分	10 分	
	描述查验国内航班旅客乘机身份证件有效性的方法	准确描述国内航班旅客乘机身份证件有效性查验的方法得分。每种方法描述遗漏或错误扣 2 分	10 分	

续表

评价类别	评价内容	评价标准	分值	得分
操作技能	判断旅客所持证件的有效性	依据《民用航空安全检查规则》规定，准确判断国内航班旅客乘机身份证件的有效性。判断正确得分，判读错误0分	30分	
	检查旅客所出示的证件，判断其有效性	在系统中准确核对旅客的信息是否与乘机身份证件信息一致，检查乘机身份证件是否在有效期内。每类信息检查错误扣20分	40分	
职业素养	空防安全意识	在国内航班旅客乘机身份证件检查的过程中，保持高度警惕，严格遵守操作规程得分	10分	

拓展训练

1）根据航空公司工作安排，工作人员要为 2021 年 4 月 27 日上海—北京的 MU5101 航班旅客办理乘机手续。航班开始办理后，为一名成人旅客进行证件检查，见表 1-2-1 和表 1-2-2。旅客使用的证件见图 1-2-11。

图 1-2-11　旅客使用的证件

表 1-2-1　证件的类别

旅客信息	证件的类别
成人旅客	可用的证件： 判断结论：

表 1-2-2　证件的检查

序号	检查项目	对应证件信息
1	证件的有效期	
2	出生日期和性别	

2）在微信小程序中为自己办理临时乘机证明，截图后上传给教师。

职业能力二　根据旅行信息手册规定，准确检查国际航班旅客护照、签证等国际旅行证件的有效性

核心概念

国际航班旅客旅行证件主要是指护照，在我国，还包括旅行证等其他中华人民共和国旅行证件，以替代中国护照。

学习目标

1. 准确阐述国际航班旅客旅行证件的种类。
2. 准确描述查验国际航班旅客旅行证件和签证的方法。
3. 识读和解释旅行信息手册关于出入境的规定。
4. 准确检查护照、签证等国际旅行证件的有效性。
5. 在国际航班旅客旅行证件和签证检查的过程中一丝不苟，严把验证关，牢固树立空防安全的意识。

相关知识

一、国际航班的概念

国际航班是指在国际航线上飞行的航班，其航线的起点、经停点、终点有一个以上不在同一国境内。

二、国际航班旅客旅行证件的种类

1. 护照

（1）护照的概念

护照（passport）是一个国家的公民出入本国国境和到国外旅行或居留时，由本国发给的一种证明该公民国籍和身份的合法证件，是公民旅行通过各国国际口岸的一种通行证明（图1-2-12）。

图1-2-12　世界部分国家护照

公民出入境在国际上往来，必须持有护照。任何国家都不允许没有护照的人进入其国境。

（2）护照的种类

护照的种类大致有普通护照、公务护照、外交护照、旅行护照、侨民护照、团体护照、外籍护照、领事护照、特别护照、联合国护照、红十字护照等。其中常见的护照有普通护照、公务护照和外交护照3种。

1）普通护照，是指发给一般公民使用的护照。

2）公务护照，是发给国家公务人员的护照，也有的国家称这种供政府官员使用的护照为官员护照。此外，各国都把这种护照发给驻外使（领）馆中不具备外交身份的工作人员及其配偶和成年子女。

3）外交护照，一般是颁发给具有外交身份的人员使用的护照。例如，外交官员、领事官员和到外国进行国事活动的国家元首、政府首脑、国会或政府代表团成员等都使用外交护照。根据国际惯例，上述人员的配偶和未成年子女一般也发给外交护照。

（3）中华人民共和国护照的概念及其分类

1）中华人民共和国护照的概念。中华人民共和国护照是中华人民共和国公民出入国境和在国外证明国籍及身份的证件。中华人民共和国护照分为外交护照、公务护照、普通护照和特区护照。公务护照分为公务护照和公务普通护照。特区护照分为中华人民共和国香港特别行政区护照和中华人民共和国澳门特别行政区护照。外交护照、公务护照和公务普通护照统称为因公护照，普通护照俗称因私护照。

我国于2012年5月15日正式启用电子普通护照，在电子护照封面的底部位置增加了一个电子芯片图标（图1-2-13）。护照编号由原来的G开头编码变为E开头编码，总位数9位不变。2017年，普通护照的新号段启用，其编码规则如下：①证件号码中前缀字母E保持不变；②第二位改为顺序使用英文字母（I、O除外，此前的旧号段第二位起为阿拉伯数字）；③第三位起仍然为阿拉伯数字，总位数仍为9位。

图1-2-13 电子芯片图标

新号段电子普通护照的防伪特征没有变化，起始号码为第EA0000001号。也就是说，无论是在旧号段还是新号段下，普通护照号码中都不可能出现英文字母I或O。

我国在护照的最后一页安置了一枚电子芯片（其位置见图1-2-14），并在芯片中存储持照人个人基本资料、面像、指纹等生物特征。

2）中华人民共和国护照的分类。

① 中华人民共和国外交护照（图1-2-15），由中华人民共和国外交部颁发给中国党、政、军高级官员，全国人民代表大会、中国人民政治协商会议和各民主党派的主要领导人，外交官员、领事官员及其随行配偶、未成年子女和外交信使等。

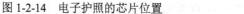

图1-2-14　电子护照的芯片位置

图1-2-15　中华人民共和国外交护照

② 中华人民共和国公务护照（图1-2-16），由外交部，中华人民共和国驻外使、领馆或外交部委托的其他驻外机构，以及外交部委托的省、自治区、直辖市和设区的市人民政府外事部门颁发给中国各级政府部门副县、处级（含）以上公务员、中国派驻国外的外交代表机关、领事机关和驻联合国组织系统及其专门机构的工作人员及其随行配偶、未成年子女等。

③ 中华人民共和国公务普通护照（图1-2-17），由外交部，中华人民共和国驻外使、领馆或外交部委托的其他驻外机构，以及外交部委托的省、自治区、直辖市和设区的市人民政府外事部门颁发给中国各级政府部门副县、处级以下公务员和国有企事业单位因公出国人员等。

图1-2-16　中华人民共和国公务护照

图1-2-17　中华人民共和国公务普通护照

④ 中华人民共和国普通护照（图1-2-18），由公安部出入境管理机构或公安部委托的县级以上地方人民政府公安机关出入境管理机构，以及中华人民共和国驻外使馆、领馆和外交部委托的其他驻外机构签发给前往国外定居、探亲、学习、就业、旅行、从事商务活动等非公务原因出国的中国公民。海外符合条件者可向中华人民共和国驻外使、领馆提出申请。

⑤ 中华人民共和国香港特别行政区护照（图1-2-19），由香港特别行政区入境事务

处颁发给享有香港特别行政区居留权及持有有效香港永久居民身份证的中国公民。

⑥ 中华人民共和国澳门特别行政区护照（图1-2-20），由澳门特别行政区身份证明局颁发给澳门特别行政区的永久性居民中的中国公民和持有澳门特别行政区永久居民身份证者。

图1-2-18　中华人民共和国普通护照

图1-2-19　中华人民共和国香港特别行政区护照

图1-2-20　中华人民共和国澳门特别行政区护照

2．中国护照代用证件

（1）中华人民共和国旅行证

中华人民共和国旅行证是代替护照使用的国际旅行证件，由中国驻外国的外交代表机关、领事机关及其他外交部授权的驻外机关颁发给以下人员。

1）临时出国护照遗失、被盗抢、损毁、过期，而急于回国的中国公民。

2）紧急情况下来不及申办护照的中国公民。

3）未持有港澳居民来往内地通行证，而须赴内地的中国籍港澳居民。

4）未持有台湾居民来往大陆通行证，而须赴大陆的中国籍台湾居民。

5）部分情况特殊的中国籍未成年人。

中华人民共和国旅行证及个人资料页见图1-2-21。

图1-2-21　中华人民共和国旅行证及个人资料页

（2）中华人民共和国香港特别行政区签证身份书

中华人民共和国香港特别行政区签证身份书（图 1-2-22）由香港特别行政区政府入境事务处签发给以下人员。

1）已获准在香港有逗留期限居留，但无法取得任何国家的护照或其他地区的旅行证件的人士。

2）已获准在香港不受条件限制居留，但不拥有香港居留权，并且无法取得任何国家的护照或其他地区的旅行证件的人士。

3）已取得香港居留权及持有香港永久居民身份证，但无法取得任何国家的护照或其他地区的旅行证件的非中国籍人士。

（3）中华人民共和国香港特别行政区入境身份陈述书

中华人民共和国香港特别行政区入境身份陈述书由使、领馆颁发给丢失或损毁香港特别行政区护照或特区其他旅行证件且急需返港的香港居民。

（4）中华人民共和国澳门特别行政区旅行证

中华人民共和国澳门特别行政区旅行证（图 1-2-23）由澳门特别行政区政府身份证明局颁发给以下人员。

1）澳门特别行政区的非永久性居民中的中国公民。

2）持有澳门特别行政区非永久性居民身份证者。

3）无权取得澳门特区其他旅行证件者。

图 1-2-22　中华人民共和国香港特别行政区　　　　图 1-2-23　中华人民共和国澳门特别行政区
　　　　　　　　　　签证身份书　　　　　　　　　　　　　　　　　　旅行证

（5）回国证明

回国证明由使、领馆颁发给被驻在国遣返的中国公民，仅供其返回中国时证明其国籍和身份，有效期为 3 个月。

（6）中华人民共和国海员证

中华人民共和国海员证的颁发对象为在中国籍远洋船舶上或派往外国籍远洋船舶上工作的中国海员，签发机关为中华人民共和国海事局或其授权的地方海事局。中华人民共和国海员证见图 1-2-24。

交通运输部海事局印发了《交通运输部海事局关于取消〈海员出境证明〉的通知》（海船员〔2013〕827 号），为便利海员出境，经商公安部出入境管理局同意，自 2014 年 1

月 1 日起，各海事管理机构和有权签发《海员出境证明》的单位不再向海员签发《海员出境证明》；海员出境时，边防检查站除查验海员的《海员证》外，不再查验《海员出境证明》。

图 1-2-24　中华人民共和国海员证

三、签证

1. 签证的概念及作用

签证（Visa）是一国政府机关依照本国法律规定为申请入出或通过本国的外国人颁发的一种许可证明。加拿大签证见图 1-2-25。

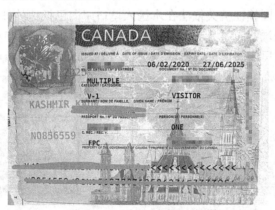

图 1-2-25　加拿大签证

根据国际法原则，任何一个主权国家都有权自主决定是否允许外国人入出其国家，有权依照本国法律颁发签证、拒发签证或对已经签发的签证宣布吊销。

签证通常附载于申请人所持的护照或其他国际旅行证件上。在特殊情况下，凭有效护照或其他国际旅行证件可做在另纸上。随着科技的进步，有些国家已经开始签发电子签证和生物签证，大大增强了签证的防伪功能。

签证在一国查控入出境人员、保护国土安全、防止非法移民和犯罪分子等方面发挥了重要作用。

2. 签证的类别

世界各国的签证一般分为入境签证和过境签证两个类别，有的国家还有出境签证。中国的签证分为入境签证和过境签证两个类别。

（1）入境签证

入境签证是准予持证人在规定的期限内，由对外开放或指定的口岸进入该国国境的签证。中国入境签证自颁发之日起生效，有的国家另行明示入境签证的生效日期。

（2）过境签证

过境签证是准予持证人在规定的期限内，由对外开放或指定的口岸经过该国国境前往第三国的签证。要取得过境签证，须事先获取目的地国家的有效入境签证或许可证明（免签国家除外）。按国际惯例，如果有联程机票，在 24 小时之内不出机场直接过境人员一般免办签证，但部分国家仍要求过境本国的外国人办理过境签证。马来西亚过境签证见图 1-2-26。

（3）出境签证

出境签证是准予持证人经对外开放或指定的口岸离开该国国境的签证。有些国家不限出境口岸。包括中国在内的很多国家已取消出境签证，外国人在签证准予停留的期限内或居留证件有效期内凭有效证件出境。

（4）其他类别

有的国家还设立了入出境签证、出入境签证和再入境签证等类别。中国现行签证中无这些类别。

口岸签证是指一国签证机关依法在本国入境口岸向已抵达的外国人颁发的签证，以便当事人及时入境处理紧急事务。实行口岸签证的国家都规定了申办口岸签证的条件和程序。有一些国家把口岸签证称为落地签证（图 1-2-27），办理落地签证手续相对简单。

图 1-2-26　马来西亚过境签证

图 1-2-27　孟加拉国落地签证

3. 签证的种类

各国签证的种类多又不尽相同。根据持照人身份、所持护照种类和访问事由不同，一般将签证分为外交签证、公务（官员）签证、礼遇签证和普通签证 4 种。有的国家根据来访者的事由将签证分为旅游、访问、工作、学习、定居等类别。

（1）外交签证

外交签证是一国政府主管机关依法为进入或经过该国国境应当给予外交特权和豁免的人员所颁发的签证。外交签证一般发给持有外交护照的人员。签证颁发国依据本国法规和国际惯例，给予持证人相当的方便、优遇、特权和豁免。

（2）公务（官员）签证

公务签证是一国政府主管机关依法为进入或经过该国国境应当给予公务人员待遇的人士所颁发的签证。有的国家将该种签证称为官员签证。公务签证一般发给持有公务护照的人员。

官员签证是公务签证的一种，是指一些国家向持有官员护照的申请人颁发的符合其官员身份的签证，其效力同公务签证。颁发官员护照的国家一般实行相应的官员签证制度。中国没有官员签证制度。中国签证机关通常为来华执行公务的持官员护照的外宾颁发公务签证。

（3）礼遇签证

礼遇签证是一些国家政府主管机关依法为进入或经过该国国境可给予相应礼遇的人员所颁发的签证。这些人一般是身份高但又未持有外交护照的人员或已卸任的外国党政军高级官员及知名人士。签证颁发国根据本国法规和国际惯例，给予持证人应有的尊重和礼遇。

（4）普通签证

普通签证是一国政府主管机关依法为因私人事务进入或过境该国的人员颁发的一种签证。普通签证一般发给持普通（因私）护照或其他有效国际旅行证件的人员。

4. 签证的形式

签证在其发展过程中有不同的形式和称谓，如签注式签证、印章式签证、贴纸签证，以及另纸签证、机读签证、电子签证、个人签证与团体签证、卡片式签证等。

（1）签注式签证

签注式签证是指在有效护照上做简单的文字签注，注明准予持证人入出境的具体要求。早期的签证多采取此种形式。

（2）印章式签证

印章式签证（图1-2-28）是指将签证的固定格式刻在印章上，在做签证时，将印章盖在申请人护照或其他旅行证件的签证页上，并填写必要的内容，全部过程由手工操作。随着技术的进步，改用签证机代之，或用计算机按固定格式将签证的内容打印在护照上。

图1-2-28　印章式签证

（3）贴纸签证

贴纸签证（图 1-2-29）是将签证的内容按照固定的格式做在签证专用纸上，用不干胶将打印完成的签证贴在申请人的护照上。贴纸签证通常用计算机打印制作。美国的贴纸签证还将申请人的照片扫描在签证纸上。加拿大的贴纸签证上无申请人的照片，但附有防伪标记，并用塑封技术将此部分塑封。

图 1-2-29　贴纸签证

（4）另纸签证

另纸签证是指做在与护照或其他国际旅行证件分离的单页纸上的签证，是签证的一种特殊形式，必须与申请人所持的护照或其他国际旅行证件同时使用。另纸签证颁发的对象，不同国家有不同的规定。

（5）机读签证

机读签证是指适用于机器阅读的签证。国际民航组织机读旅行证件咨询部在机读护照技术的基础上开发的一种用机器阅读和识别签证的技术。这种技术大大简化了国际旅行手续，缩短了通关时间。

（6）电子签证

电子签证又称 e-Visa，是指把传统的纸质签证"电子化"，以电子文档形式将护照持有人签证上的所有信息存储在签证签发机关的系统中。旅客的电子签证办理成功后，自行打印签证即可使用。澳大利亚、新西兰、新加坡、土耳其、印度等国家已开始使用这种签证。新加坡电子签证见图 1-2-30。

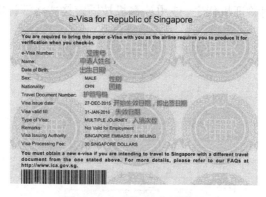

图 1-2-30　新加坡电子签证

（7）个人签证与团体签证

个人签证是指做在每个申请人的护照或其他国际旅行证件上的签证。团体签证是指做在一个团体名单上的签证。持用同一团体签证的人员必须随团一同入出境。中华人民共和国团体签证见图 1-2-31。

图 1-2-31 中华人民共和国团体签证

（8）卡片式签证

一些身份注册卡，如 APEC（Asia-Pacific Economic Cooperation，亚太经济合作组织）商务旅行卡、奥林匹克身份注册卡（图 1-2-32）等，实质上也是一种签证。与印章式签证、贴纸签证不同的是，这些卡片摆脱了以护照为载体的形式，而将申请人的身份信息和签证状态等全都录入卡片中。此类证件通常需要与护照同时使用。

图 1-2-32 奥林匹克身份注册卡

四、国际航班旅客旅行证件的检查方法

1. 判断旅客所持有证件的合法性

一般情况下，护照为国际航班旅客合法的旅行证件，特殊情况下，中国公民可以使

用旅行证等替代证件。这里需要特别强调的是，中国香港和澳门公民如果入出中国内地（港、澳公民进入内地及返回，称"入出"；内地公民进入港、澳地区及返回，称为"出入"），须使用港澳居民来往内地通行证或中华人民共和国入出境通行证，或者向中华人民共和国驻外使、领馆申请中华人民共和国旅行证。中国边防检查不接受以香港特别行政区护照入出中国内地，但是经中国内地转机国外除外。

2. 检查旅客所持的护照信息

检查旅客护照号码、姓名是否与系统内旅客的护照号码、姓名相同，并且确定为旅客本人。打开护照，第一页有持照人的护照号码、姓名、性别、身份、婚姻状况、出生日期、出生地点、有效期等，并贴有本人照片。

以中华人民共和国普通电子护照为例，护照号/Passport No.在第一页的右上角，号段以"G"或者"E"字开头，总位数为 9 位（图 1-2-33）。新版电子护照均以"E"开头。护照换发后将得到一个新的护照号，并在第二页加注取代前号码。护照类型、国家码、护照号码下面为旅客姓名信息，"姓名/Name"一栏中均上注中文姓名，下注汉语拼音作为英文姓名。世界各国护照个人资料页的样式均雷同。新加坡护照个人资料页样式见图 1-2-34。

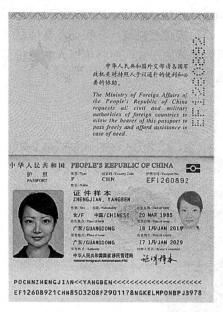

图 1-2-33　中国普通电子护照个人资料页　　　图 1-2-34　新加坡护照个人资料页样式

3. 检查旅客所持的护照是否在有效期内

护照有一定的有效期限，各个国家所规定的有效期限不同，如 1 年、3 年、5 年、10 年等。在我国，外交护照和公务护照的有效期最长不超过 5 年，普通护照的有效期最长不超过 10 年，有效期满后换发新照。香港特别行政区护照的有效期一般为 10 年，签发给 16 周岁以下儿童的护照有效期为 5 年。澳门特别行政区护照的有效期一般为 10 年，签发给 16 周岁以下儿童的护照有效期为 5 年。

有些国家在办理入境签证时，对护照的有效期有具体要求。例如，美国、法国、日本、新加坡、泰国等国家，除要求签证在有效期内，亦要求护照的有效期必须在 6 个月以上。

同样以中华人民共和国普通电子护照为例，签发日期至有效期内的时间区间为该本护照的有效期。

五、签证的检查方法

1. 根据旅客所到目的地，查验签证的有效性

出入境是指一国公民出于某种目的跨越本国或他国国界的活动。其中护照是出国的必需证件，而签证（美国签证样本见图 1-2-35）是指旅行目的地国家的入境许可证明。以持有中华人民共和国普通护照的旅客为例，由北京出发入境德国法兰克福，就需要德国大使馆签发的申根签证（样本见图 1-2-36），作为入境德国的许可证明。

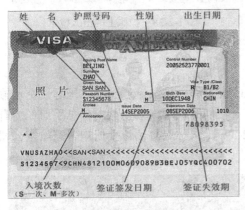

图 1-2-35　美国签证样本

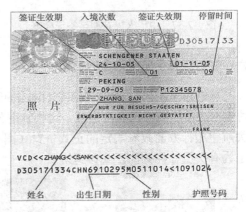

图 1-2-36　申根签证样本

不过也有例外情况。例如，经过中华人民共和国与相关国家缔结互免签证协定，自 2018 年 1 月 16 日起，中国公民持普通电子护照前往阿联酋短期旅行通常无须事先申请签证。

在现场岗位工作中，可以通过识读旅行信息手册（travel information manual，TIM）关于出入境的规定，来判断旅客签证的有效性。

2. 检查旅客的出入境时间是否符合签证的停留期、有效期

签证的停留期是指准许持证人入境该国后停留的时间。签证的有效期是指从有效起始日期到截止日期内，持证人准许入境，而超过截止日期，该签证就是无效签证，便无法入境了。有效期是签证中最重要的内容，由有效起始日期当天算起，签证的有效期因国家、签证类型和申请人情况而异，常见的有效期包括 3 个月、6 个月、1 年、3 年、5 年和 10 年。

　　以图 1-2-37 中的中华人民共和国签证样本为例，入境有效期从签发日期至 2016 年 6 月 1 日止。在有效期内，该旅客可以入境中国，最长停留期限为 30 天。

　　需要说明的是，在签证检查中，除以上两点外，还要注意以下事项：核对旅客护照上的出入境章（图 1-2-38），旅客的出入境地点应该是连续的，而不是跳跃和中断的；当签证的有效期超过护照的有效期时，应以护照有效期为准；签证属于一国主权范畴，持有效签证并不意味着一定能顺利入境，在个别情况下，各国出入境边防检查机关有权根据自己的判断拒绝其认为不符合条件的外国人入境，这是世界各国的通行做法。

图 1-2-37　中华人民共和国签证样本

图 1-2-38　护照上的出入境章

六、旅游信息手册所包含的信息种类

　　旅游信息手册由 14 个 IATA（International Air Transport Association，国际航空运输协会）成员航空公司联合出版，这些航空公司及它们的代理人均以旅游信息手册作为有关航空旅行方面政府规定的正式资料（图 1-2-39），同时旅游信息手册被多家航空公司定为有关旅行规则的正式参考资料。

图 1-2-39　纸质版本旅游信息手册和 eTerm 系统中的护照签证要求

1. 旅游信息手册的主要信息

　　每个国家所提供的信息都可分为以下 6 个部分：①Passport（护照）；②Visa（签证）；③Health（健康）；④Tax（税收）；⑤Customs（海关）；⑥Currency（货币）。

2. 旅游信息手册的其他信息

此外，在每个国家的信息之前还有以下要点：①旅游信息手册的使用说明；②一般的健康信息；③有关旅游手续的定义；④手册中所列国家的目录。

任务实施

一、任务描述

根据航空公司工作安排，为2020年8月10日上海—东京的MU523航班旅客办理乘机手续。航班开始办理后，为一名赴日本旅游的中国籍上海游客郑小芳做证件检查。她使用的证件见图1-2-40。

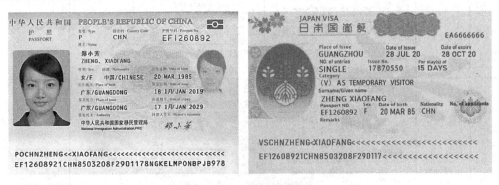

图1-2-40 旅客旅行证件

二、任务准备

1）人工值机柜台。
2）国际航班旅客乘机证件样本。
3）Angel新一代离港前端系统。
4）最新版旅游信息手册。

三、安全及注意事项

1）使用最新版旅游信息手册，确保旅客顺利出入境。
2）在证件检查过程中不漏查漏检，确保民航运输安全。

四、操作过程

序号	步骤	操作方法及说明	质量标准
1	查验证件的有效性	① 查验证件系本人持有：对旅客本人和证件照片进行比对，确认证件系本人持有。 ② 确定所持证件为有效证件，并且在有效期内，根据最新版旅游信息手册等有关参阅资料的要求，中国公民由上海入境日本，需要持有护照。因此，该旅客入境日本所持的中华人民共和国护照为有效证件，该护照的有效期为2019年1月18日至2029年1月17日，目前处于有效期内。	确保旅客顺利出行，符合空防安全要求

序号	步骤	操作方法及说明	质量标准
1	查验证件的有效性	③ 根据旅客所到目的地，查验签证的有效性：根据最新版旅游信息手册等有关参阅资料的要求，中国公民由上海入境日本，需要持有效签证。 因此，该旅客入境日本需要签证，她所持签证的有效期为 2020 年 7 月 28 日至 2020 年 10 月 28 日，搭乘 2020 年 8 月 10 日的航班，该签证有效	确保旅客顺利出行，符合空防安全要求
2	核对证件信息与系统信息的一致性	① 在 MU523 航班中，选中该旅客，进入证件核对界面（可按 F2 键），如果主机中已存在该旅客的 API 信息，则系统会直接读取各项信息并显示到界面中。 ② 核对旅客护照信息，旅客所持的护照上的护照号码、姓名是否与系统内旅客的护照号码、姓名相同，并且确实为旅客本人	系统操作准确，旅客信息正确

问题情境

1）旅客持有的护照有效期不足 6 个月，持有效签证，坚持要求乘坐国际航班出境赴新加坡。应如何处理？

提示：告知旅客每个国家对入境查验时护照有效期长短的要求普遍为 6 个月以上，有效期的计算方式一般从出发日算起，即使已取得前往国签证但护照有效期不足 6 个月，也会被拒绝入境。

2）有旅客现场询问，其旧护照已经过期，但旧护照上的美国签证的有效期还很长，是否能持新办理的护照与旧护照上的签证一起使用？

提示：目的地国家的签证有效期与本人护照使用的有效期不一致，在护照过了有效期但签证还有效的情况下，一般有以下几种处理方式。

1）目的地是日本、韩国、美国等国家无须转移签证。条件是同时出示新、旧护照及有效签证。

2）目的地是新加坡、新西兰、加拿大、澳大利亚等国家须办理转移签证或重新申请。条件是须在有关机构或领馆办理签证转移手续。

3）目的地是申根签证国家、英国等国家同时出示新、旧护照及签证或办理签证转移即可。条件因欧洲各国规定不一，须行前确认。

考核评价

评价类别	评价内容	评价标准	分值	得分
理论知识	描述国际航班旅客合法旅行证件的种类	准确描述国际航班旅客合法旅行证件的种类得分。每类证件描述遗漏或错误扣5分	10分	
	描述查验国际航班旅客旅行证件和签证的方法	准确描述国际航班旅客旅行证件和签证的查验方法得分。每种方法描述遗漏或错误扣5分	10分	
操作技能	准确判断旅客所持证件的有效性	准确判断证件是否本人持有。判断正确得分，判断错误0分	10分	
		准确判断所持证件是否为有效证件，是否在有效期内。判断正确得分，判断错误0分	20分	
		根据旅客所到目的地，准确判断签证的有效性。判断正确得分，判断错误0分	20分	
	核对证件信息与系统信息的一致性	准确核对系统中旅客的信息是否与乘机证件信息一致。每类信息核对错误扣10分	20分	
职业素养	空防安全意识	在国际航班旅客旅行证件和签证检查的过程中，保持高度警惕，严格遵守操作规程得分	10分	

拓展训练

1）阅读护照样本（图1-2-41和图1-2-42）并填写表1-2-3。

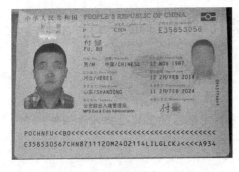

图1-2-41　护照样本（1）

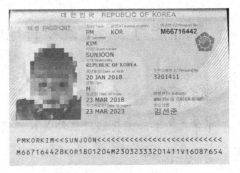

图1-2-42　护照样本（2）

表 1-2-3　护照样本信息

事项	护照样本（1）	护照样本（2）
发行国		
有效期		

2）阅读签证样本（图 1-2-43 和图 1-2-44）并填写表 1-2-4。

图 1-2-43　签证样本（1）　　　　　　图 1-2-44　签证样本（2）

表 1-2-4　签证样本信息

事项	签证样本（1）	签证样本（2）
签发国		
有效期		
允许入境次数		
允许停留时间		

3）登录相关网站，查找中国籍旅客从上海中转香港，入境英国伦敦的旅行证件要求。整理后在课堂上交流分享。

职业能力三　准确检查地区航班旅客旅行证件的有效性

核心概念

中华人民共和国区域性证件是只能用于往来特定地区的区域性出入境证件。

学习目标

1. 准确阐述地区航班旅客旅行证件的种类。
2. 准确描述地区航班旅客旅行证件和签注的查验方法。
3. 准确检查地区航班旅客旅行证件的有效性。
4. 在地区航班旅客旅行证件和签注检查的过程中，具有高度的责任心，牢固树立空防安全的意识。

相关知识

一、地区航班旅客旅行证件的种类

1. 往来港澳通行证

往来港澳通行证俗称双程证，是由中国公安机关出入境管理局签发给中国内地居民因私往来香港或澳门地区非公务活动的旅行证件。在办理往来港澳通行证的时候一般会签注，可以自己选择一年几次。

2014 年 9 月 15 日，我国全面启用电子往来港澳通行证（图 1-2-45），成年人电子往来港澳通行证的有效期延长为 10 年，对未满 16 周岁的签发 5 年有效通行证。

图 1-2-45　电子往来港澳通行证及背面签注

2. 因公往来香港、澳门特别行政区通行证

因公往来香港、澳门特别行政区通行证是内地因公赴香港、澳门特别行政区人员出入境和在港澳逗留时证明其身份的证件，颁发对象为因公前往香港、澳门特别行政区的中国内地公民。颁发机关为国务院港澳事务办公室及各地区外事办公室。因公往来香港、澳门特别行政区通行证分为蓝皮和红皮两种（图 1-2-46），其中蓝皮通行证颁发给一般赴港澳人员，他们只有凭有效签注才能进入香港、澳门特别行政区。红皮通行证原则上签发给副省级以上领导干部。

图 1-2-46　因公往来香港、澳门特别行政区通行证

3. 港澳居民来往内地通行证

港澳居民来往内地通行证已在前文详述，此处不再赘述。

4. 大陆居民往来台湾通行证

大陆居民往来台湾通行证是由原公安部出入境管理局，自 2019 年 6 月起，调整为中华人民共和国出入境管理局签发给大陆居民往来台湾地区所持有的证件。

卡式往来台湾通行证（图 1-2-47）是 2017 年 4 月全国范围内全面启用的电子往来台湾通行证，以取代之前签发的本式往来台湾通行证。前往台湾的签注直接打印在电子往来台湾通行证（图 1-2-47）的背面。

图 1-2-47　卡式往来台湾通行证

5. 台湾居民来往大陆通行证

台湾居民来往大陆通行证已在前文详述，此处不再赘述。

二、签注的概念

签注是公安机关对我国内地（大陆）居民表示批准往来所签发的往来香港、澳门、台湾等地区通行证的签注，是附于通行证上证明持有人可合法前往指定地区的注释。

三、地区航班旅客旅行证件和签注的查验方法

1. 判断旅客所持地区旅行证件的有效性

我国内地居民前往香港、澳门须持有有效的往来港澳通行证（图 1-2-48）及有效的香港、澳门签注（图 1-2-49）；大陆居民前往台湾地区须持有有效的大陆居民往来台湾通行证及有效签注。

我国香港、澳门居民出入内地须持有有效的港澳居民来往内地通行证，台湾居民出入大陆地区须持有有效的台湾居民来往大陆通行证（俗称回乡证或台胞证）。

图 1-2-48 往来港澳通行证正面信息

图 1-2-49 往来港澳通行证背面信息

2. 核对证件信息与系统信息的一致性

核对系统中旅客的信息是否与乘机身份证件信息一致。

任务实施

一、任务描述

根据航空公司工作安排,为 2019 年 10 月 27 日上海—澳门的 FM875 航班旅客办理乘机手续。航班开始办理后,为一名赴澳门跟团旅游的中国籍游客做证件(图 1-2-50)检查。

图 1-2-50 旅客往来港澳通行证信息

二、任务准备

1）人工值机柜台。

2）地区航班旅客乘机证件样本。

3）Angel 新一代离港前端系统。

三、安全及注意事项

1）能按照值机岗位服务标准和要求迎接旅客，在与旅客交流过程中岗位用语规范，体现民航优质服务。

2）在证件检查过程中不漏查漏检，确保民航运输安全。

四、操作过程

序号	步骤	操作方法及说明	质量标准
1	查验证件的有效性	① 查验证件系本人持有：对旅客本人和证件照片进行比对，确认证件系本人持有。 ② 确定所持证件为有效证件，并且在有效期内：根据国家移民管理局的规定，该旅客赴澳门团队旅游所持的往来港澳通行证为有效证件，该证件的有效期为 2019 年 8 月 18 日至 2029 年 8 月 17 日，目前处于有效期内。 ③ 根据旅客所到目的地，查验签注有效性：该旅客所持签注的有效期为 2019 年 8 月 18 日至 2020 年 8 月 17 日，搭乘 2019 年 10 月 27 日的航班，该签注有效 	确保旅客顺利成行，符合空防安全要求

续表

序号	步骤	操作方法及说明	质量标准
2	核对证件信息息与系统信息的一致性	输入航班信息，调取旅客证件信息 	系统操作准确，旅客信息正确

问题情境

1）旅客来不及办理港澳通行的签注，想持有效中国护照去澳门旅行几天后再原路返回可以吗？

提示：中国内地居民前往香港和澳门主要使用的是往来港澳通行证，而且往来港澳通行证上必须有有效签注。由澳门中转前往第三国可凭机票和护照免签入澳门。

2）旅客来到机场准备办理去香港的乘机登记手续。该旅客取出自己的往来港澳通行证后，发现背面的签注信息由于长时间和包内物品摩擦，已经看不清楚了。该旅客询问是否会影响自己的出行。

提示：证件背面打印的签注信息出现字迹模糊或消退等情况，如果芯片记录签注仍有效，不影响证件使用。

考核评价

评价类别	评价内容	评价标准	分值	得分
理论知识	描述地区航班旅客有效旅行证件的种类	准确描述地区航班旅客有效旅行证件的种类得分。每类证件描述遗漏或错误扣5分	10分	
	描述查验地区航班旅客旅行证件和签注的方法	准确描述地区航班旅客旅行证件和签注的查验方法得分。每种方法描述遗漏或错误扣5分	10分	
操作技能	准确判断旅客所持地区旅行证件的有效性	准确判断证件是否系本人持有，判断签注的有效性。判断正确得分，判断错误0分	10分	
		准确判断所持证件是否为有效证件，是否在有效期内。判断正确得分，判断错误0分	20分	
	核对证件信息与系统信息的一致性	准确核对系统中旅客的信息是否与乘机证件信息一致。每类信息核对错误扣20分	40分	
职业素养	空防安全意识	在地区航班旅客旅行证件和签注检查的过程中，保持高度警惕，严格遵守操作规程得分	10分	

拓展训练

用手机登录上海公安出入境管理小程序，根据所学知识，虚拟申请办理港澳通行证和澳门旅游一年期多次签注，将申请过程截屏并上传给教师。

工作任务三　接 收 旅 客

职业能力一　利用离港系统为旅客选择座位、打印登机牌

核心概念

Angel 新一代离港前端系统包括一系列客户端软件及服务器软件，主要包括值机、登机、控制等核心功能及其他辅助功能（统计查询、第三方系统接口等）。其中系统的值机功能及其相关辅助功能能为旅客提供快速、便捷、准确的乘机、登机服务。

学习目标

1. 准确复述旅客座位安排的一般规定。
2. 准确解释新一代离港前端系统中航班座位图中代号的含义。
3. 按照旅客对座位的要求，在新一代离港前端系统中正确选择座位并打印登机牌。
4. 在自助值机设备上协助旅客完成座位选择和登机牌打印。
5. 在为旅客选择客舱座位和打印登机牌的过程中，主动关心旅客的需求，培养主动服务的意识。

相关知识

一、旅客座位安排的一般规定

工作人员可根据飞机客舱布局中还未被占用的座位情况，征求旅客对座位的要求，如靠窗、靠过道、靠出口、靠厕所等。注意有些座位是有限制条件的。工作人员应尽可能满足旅客提出的要求，无法满足旅客要求的座位安排时，应诚恳地向旅客解释。工作人员在安排座位时应注意下列事项。

1）尽可能满足旅客的要求，为其挑选合适的座位（前/后/窗/过道）。
2）按照平衡的要求，将旅客集中安排就座。
3）团体旅客、同行旅客、同一家庭成员或须互相照顾的旅客，座位尽量安排在一起，发给座位号连在一起的登机牌。
4）发给不同宗教信仰或不同政治态度的旅客登机牌时，不要将其座位安排在一起。
5）紧急出口处的座位不能安排未成年旅客或病残旅客、精神状态不佳的旅客。
6）行动不便的旅客和无成人陪伴的儿童旅客应安排在便于乘务员照顾的座位上。
7）携带外交信袋的外交信使和押运外币的押运员应安排在便于上下飞机的座位上。

二、限制座位种类及安排规定

航班上的限制座位包括紧急出口座位、担架旅客座位、机组座位 3 类。

1. 紧急出口座位

紧急出口（图 1-3-1）座位是指旅客从该座位可以不绕过障碍物直接到达出口的座位，以及旅客从离出口最近的过道到达出口必经的成排座位中的每个座位。

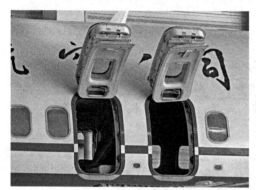

图 1-3-1　紧急出口

禁止在任何航班上安排紧急出口座位给以下旅客：①残疾旅客（包括盲人、听障旅客）；②年迈或体弱旅客；③儿童和婴儿（无论是有成人陪伴还是无成人陪伴）；④行为限制旅客、遣返旅客、押运刑事犯人；⑤过于肥胖旅客；⑥飞行需要他人帮助的旅客；⑦不愿意履行占用紧急出口座位的乘坐职责的旅客。

2. 担架旅客座位

因患重病或者受重伤等原因，旅客躺卧的担架需要占用一定数量的座位。航班控制人员根据旅客事先申请，为安放担架预先锁定座位以防他用，并视需要同时为担架旅客的随行人员在其附近预留座位。紧急出口座位不得用于担架旅客座位。机务人员在旅客登机开始前上飞机安装专用的航空担架。

3. 机组座位

一般情况下，不安排普通旅客占用机组专用客舱休息座位。在航班超员的情况下，可以经运行管理部门值班领导及机长同意后，首先安排相关航空企业内部职工占用机组专用客舱休息座位，然后安排其他普通旅客占用机组专用客舱休息座位。

三、航班座位图及其代号的含义

在 Angel 新一代离港前端系统中选定旅客后，单击"6.座位"按钮即可进入航班座位图界面（图 1-3-2）。

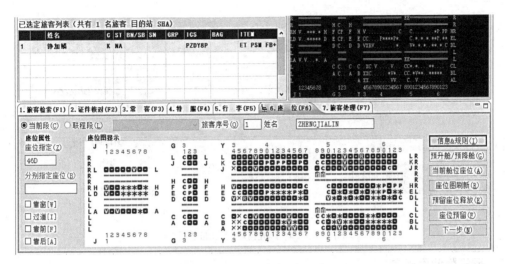

图 1-3-2　航班座位图界面

Angel 新一代离港前端系统航班座位图代号含义见表 1-3-1。

表 1-3-1　航班座位图代号含义

代号	含义	代号	含义	代号	含义
.	已经有旅客占用	B	可利用的摇篮座位	X	锁定（不可利用）座位
:	此半行有婴儿	U	可利用无伴儿童座位	V	VIP 留座（JCR 指令）
/	靠背不可移动的座位	H	头上宽敞的座位	C	最后可利用座位
E	此行或半行有紧急出口	L	脚下空间宽敞的座位	R	订座留座
T	转港占用（锁定）区	*	可利用的座位	A	为本段保留的座位
D	VIP 留座（JCS 指令）	=	过道	N	看不到电影的座位
P	为未到旅客保留的座位	+	为婴儿预留的座位	G	保留的团体座位
O	为其他航段保留的座位	I	此行婴儿优先	>	本航站转港旅客占用座位

以图 1-3-2 为例，其中"46D"表示靠过道座位，座位状态"*"，为可利用座位。

四、登机牌包含的主要信息

登机牌是旅客在办理乘机手续时领取的带有登机信息等内容的乘飞机的识别牌，是旅客乘机的唯一凭证。登机牌上必须含以下内容：①航班号；②座位号；③舱位等级；④日期；⑤登机口；⑥目的地；⑦电子客票在备注栏里注明"ET NO nnn nnnnnnnnnn"。计算机自动打印的登机牌（图 1-3-3）使用时须附加旅客姓名、计算机扫描条形码或二维码。

图 1-3-3　计算机自动打印的登机牌

五、登机牌使用规定

1）必须保证每个旅客持有与其所乘舱位等级和座位相匹配的登机牌。

2）安排紧急出口座位的登机牌使用时，背面必须粘贴紧急出口座位须知。

3）需要在登机口对旅客进行特殊事项处理时，可以在登机牌上用笔做记号或说明，但不得影响登机牌的正常使用。

4）除工作人员必要圈画，登机牌有涂改、损坏或非旅客本人使用均视为无效登机牌。

▇　任务实施

一、任务描述

1）经济舱旅客李长江准备乘坐 MU5147 航班由上海前往北京。他来到人工值机柜台，办理乘机登记手续，要求安排前排靠窗座位，工作人员须在系统中输入他的座位信息并打印登机牌。

2）经济舱旅客吴月华准备乘坐 MU5689 航班由上海前往呼和浩特。他来到自助值机柜台，办理乘机登记手续，要求后排靠过道座位，工作人员须指导和帮助他打印登机牌。

二、任务准备

1）Angel 新一代离港前端系统。

2）人工值机柜台。

3）登机牌打印机。

4）自助值机设备。

三、安全及注意事项

1）能依据旅客的要求，同时按照航班实际情况，合理为旅客安排座位，培养主动服务意识。

2）能遵守规定及时处理作废的登机牌，保证飞行和空防安全。

四、操作过程

1. 任务一

序号	步骤	操作方法及说明	质量标准
1	调取航班座位图	在 Angel 新一代离港前端系统中选定旅客后，单击"6.座位"按钮或者按 F6 键 	显示航班座位图
2	询问旅客对座位的要求	① 询问旅客对座位的要求，本任务中旅客要求前排靠窗座位。 ② 查看航班座位图，明确目前航班是否有符合旅客需求的座位。如果没有，则向旅客说明并提供新的座位选择建议 	明确旅客座位要求
3	输入旅客座位信息	① 在"座位指定"栏输入座位排数指定某一排座位，目前航班靠窗、前排的座位为"32A"。 ② 按照旅客座位要求选中"靠窗""靠过道""靠前""靠后"等复选框。这几种座位可以互相组合。本任务中同时选中靠窗和前排，即为旅客分配靠前、靠窗的座位，程序负责自动分配	输入的座位信息满足旅客的要求

序号	步骤	操作方法及说明	质量标准
4	打印旅客登机牌	① 按 Alt+U 键或 Enter 键确认，对旅客完成接收，登机牌打印机自动完成纸质登机牌打印。 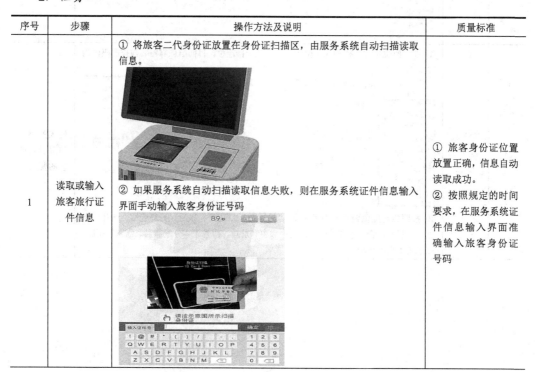 ② 核对登机牌上的信息是否正确，检查登机牌上打印的字迹是否清晰	登机牌信息打印完整、清晰
5	交接登机牌	① 在登机牌上圈出登机口和登机时间信息。 ② 告知旅客登机门号及最晚登机时间，指引旅客登机口方向	让旅客明确了解自己所乘坐航班的登机口信息和登机时间
6	和旅客告别	使用"再见""旅途愉快"等告别语与旅客告别	语言规范，符合服务礼仪要求

2. 任务二

序号	步骤	操作方法及说明	质量标准
1	读取或输入旅客旅行证件信息	① 将旅客二代身份证放置在身份证扫描区，由服务系统自动扫描读取信息。 ② 如果服务系统自动扫描读取信息失败，则在服务系统证件信息输入界面手动输入旅客身份证号码	① 旅客身份证位置放置正确，信息自动读取成功。 ② 按照规定的时间要求，在服务系统证件信息输入界面准确输入旅客身份证号码

序号	步骤	操作方法及说明	质量标准
2	选择旅客座位	① 在值机界面确认旅客的航班信息。 ② 询问旅客对座位的要求。 ③ 查看航班座位图,目前符合该旅客要求后排靠过道的座位只有"54C" 	明确旅客对座位的要求,在服务系统中选择符合旅客要求的座位
3	打印旅客登机牌	单击"54C"按钮,确认座位选择后,再单击"打印登机牌"按钮,系统为旅客值机并打印登机牌 	登机牌信息打印完整、清晰

续表

序号	步骤	操作方法及说明	质量标准
4	交接登机牌	按照登机牌信息，告知旅客登机门号及最晚登机时间，为旅客指引登机口方向 	让旅客明确了解自己所乘航班的登机口信息和登机时间

问题情境

1) 一名成人旅客带着 10 岁的女儿来到值机柜台办理乘机手续。由于两人到的时间较晚，所乘航班经济舱只剩下 7 个座位号不连在一起的座位，无法满足两位旅客坐在一起的要求。如何处置？

提示：按照旅客座位安排的一般规定，判断旅客的要求是否合理。如果两位旅客座位必须安排在一起，则可以等旅客全部登机后，再由机组协助调整座位。

2) 夫妇二人带着 5 岁的儿子来到值机柜台办理乘机手续，听朋友说飞机上的紧急出口座位较为宽敞，坚持要给第一次乘机的儿子安排紧急出口的靠窗位置看风景。应如何解释和处置？

提示：根据航班座位的实际情况，服务过程中在规定许可范围内尽量满足第一次乘机旅客的需求，可考虑将其安排在靠窗非机翼的位置。

3) 在航班办理过程中，工作人员发现最后到达的旅客是带小孩的一家三口，由于此时已经没有其他剩余座位，只能将最后值机的一家三口都安排在紧急出口座位。在这种情况下，工作人员需要采取哪些措施，以弥补工作中的过失？

提示：根据空防安全要求，儿童不得坐在紧急出口座位，只能通知登机口工作人员在登机口为旅客调整座位，并做好旅客解释工作。但是这势必严重影响登机口工作，在登机时间紧张的情况下，极有可能造成航班晚关舱门，并且临时更换座位有可能引起旅客的不满，对现场服务工作不利。因此，在航班客座率较高的情况下，工作人员必须优先为符合要求的旅客发放紧急出口座位，避免最后无适合座位发放给特殊人群。

考核评价

评价类别	评价内容	评价标准	分值	得分
理论知识	复述旅客座位安排的一般规定	准确复述旅客座位安排的一般规定得分。每条规定遗漏或复述错误扣 2 分	10 分	
	解释航班座位图中代号的含义	准确解释系统中航班座位图中代号的含义得分。每个代号解释错误扣 2 分	10 分	
操作技能	选择座位	明确了解旅客的座位需求。能复述旅客座位需求得分，复述错误 0 分	10 分	
		按照航班座位实际情况为旅客安排座位。座位安排符合民航相关规定，并且满足旅客需求，则得分，反之 0 分	20 分	

续表

评价类别	评价内容	评价标准	分值	得分
操作技能	选择座位	在系统中输入旅客座位信息。信息输入正确得分，输入错误0分	10分	
	打印登机牌	在完成旅客信息编辑并确认无误后打印登机牌。登机牌打印无误得分，反之0分	20分	
	交接登机牌	向旅客强调登机时间规定等注意事项，用手势指引登机口位置。每项交接程序错误扣5分	10分	
职业素养	主动服务意识	在为旅客选择客舱座位和打印登机牌的过程中，有主动关心旅客需求的行为得分	10分	

拓展训练

1）一名经济舱成人旅客要求安排前排过道座位。在航班座位图（图1-3-4）中，圈出目前符合该旅客需求的所有可利用座位。

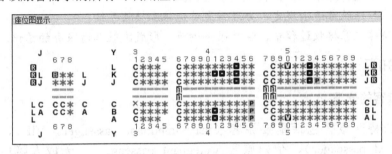

图 1-3-4　航班座位图

2）阅读旅客登机牌（图1-3-5），按照要求填写信息。

① 使用该登机牌的旅客姓名为＿＿＿＿＿＿＿＿，机上座位为＿＿＿＿＿＿＿＿。

② 航班号为＿＿＿＿＿＿＿＿，目的地为＿＿＿＿＿＿＿＿。

③ 登机口为＿＿＿＿＿＿，乘机日期为＿＿＿＿＿＿＿，登机时间为＿＿＿＿＿＿。

④ 客票号码为＿＿＿＿＿＿＿＿＿＿＿＿；舱位等级为＿＿＿＿＿＿＿＿。

图 1-3-5　旅客登机牌

职业能力二　按照特殊旅客运输规定，办理常见特殊旅客接收手续

核心概念

特殊旅客是指需要给予特别礼遇和照顾的旅客，或者由于其身体和精神状况需要给予特殊照料，或者只有在一定条件下才能运输的旅客。

学习目标

1. 复述特殊旅客的概念。
2. 复述特殊旅客的分类。
3. 准确阐述特殊旅客的接收规定和流程。
4. 按照特殊旅客运输规定，办理常见特殊旅客接收手续。
5. 在特殊旅客接收过程中，注重服务细节，形成民航真情服务的意识。

相关知识

一、特殊旅客的分类

常见的特殊旅客包括重要旅客（very important passenger，VIP）、病残旅客（incapacitated passenger）、孕妇旅客（pregnant passenger）、无成人陪伴儿童旅客（unaccompanied minor，UM）、盲人旅客（blind passenger）及其他特殊旅客等。民航地面服务部门会为特殊旅客提供超出一般旅客服务内容的服务。

1. 重要旅客

重要旅客是因其身份或社会地位的需要应予以特别礼遇和照料的特殊旅客。依据民航局《关于重要旅客乘坐民航班机运输服务工作的规定》，重要旅客包括以下范围：①省、部级（含副职）以上的负责人；②军队在职正军职少将以上的负责人；③公使、大使级外交使节；④由各部、委以上单位或我驻外使、领馆提出要求按重要旅客接待的客人。

2. 病残旅客

病残旅客是指由于身体或精神上的残疾或疾病，在上、下飞机、飞行途中，以及在机场地面服务过程中需要他人予以个别照料或帮助而对其他旅客一般无影响的旅客。

病残旅客分为身体患病旅客、精神患病旅客、肢体伤残旅客、担架旅客、轮椅旅客（wheelchair passenger）等。其中，轮椅旅客是指在航空旅行过程中，由于身体的缺陷或病态，不能独立行走或步行有困难，依靠轮椅代步的旅客、需要轮椅的病人或伤残旅客。

根据不同的情况，轮椅旅客分为以下 3 种。

1）WCHR：旅客能够自行上、下飞机，并且在客舱内也可以自行走到座位上（图 1-3-6）。

2）WCHS：旅客不能自行上、下飞机，但在客舱内能够自行走到座位上。

3）WCHC：旅客完全不能自己行动，只有由别人扶着或抬着才能进到客舱内自己的座位上（图1-3-7）。

图 1-3-6 WCHR 类型轮椅旅客

图 1-3-7 WCHC 类型轮椅旅客

3．孕妇旅客

孕妇旅客是指在预产期前 4 周乘坐飞机的怀孕旅客。

4．无成人陪伴儿童旅客

无成人陪伴儿童旅客是指根据承运人规定的年龄限制，无 18 周岁以上成人陪伴单独乘机的儿童。

5．盲人旅客

盲人旅客是指双目有缺陷、失明的旅客。眼睛有疾病者不属于盲人旅客，应按照病残旅客有关规定办理。

6．其他特殊旅客

除以上未单独列明的特殊旅客外，需要协助的其他特殊旅客还有听障旅客、高龄旅客（70 周岁以上）、语言困难旅客等。

二、部分特殊旅客接收规定和接收流程

（一）病残旅客

1．可以拒绝承运的病残旅客范围

承运人为符合《残疾人航空运输管理办法》定义的，"具备乘机条件的残疾人"是指购买或持有有效客票，为乘坐客票所列航班到达机场，利用承运人、机场和机场地面服务代理人提供的设施和服务，符合适用于所有旅客合同要求的残疾人，但不包括担架旅客。

2．病残旅客接收的一般规定

1）由于病残旅客具有行动障碍，需要特殊的服务和照顾，因此每个航班载运此类旅客的数量应有限制，以免影响对其他旅客的服务。例如：

中国南方航空股份有限公司（以下简称"南航"）规定每一航班（残奥会等特殊时间除外）担架旅客仅限一名，对于除担架旅客以外无人陪伴且需要他人协助的残疾人，包括使用轮椅的残疾人、下肢严重残疾但未安装假肢的残疾人、盲人、携带服务犬乘机

的残疾人、智力或精神严重受损不能理解机上工作人员指令的残疾人，每个航班载运旅客数量限制（不含美国航线）如表 1-3-2 所示。

表 1-3-2　南航每个航班载运旅客数量限制

航班座位数量	限制人数	航班座位数量	限制人数
51～100	2	201～400	6
101～200	4	400 以上	8

中国东方航空股份有限公司（以下简称“东航”）规定每一航班的每一航段上，只限载运一名担架旅客，担架设备将被安排在经济舱；对于其他行动障碍旅客，东航根据机型及机场资源的限制条件，将在旅客提出特殊旅客乘机申请后 24 小时内答复是否能提供所申请的服务或设备。

2）患病旅客乘坐航空公司的航班时必须出示诊断证明书（图 1-3-8），肢体残缺旅客除外。诊断证明书必须在患病旅客旅行前 48 小时内由三级医院（境外指诊所、医疗中心以外的医院）出具和盖章，同时，要附署主治医师的意见。患重疾病（如心血管、癌症、急性外伤等）旅客出示的诊断证明书必须在 24 小时之内有效。

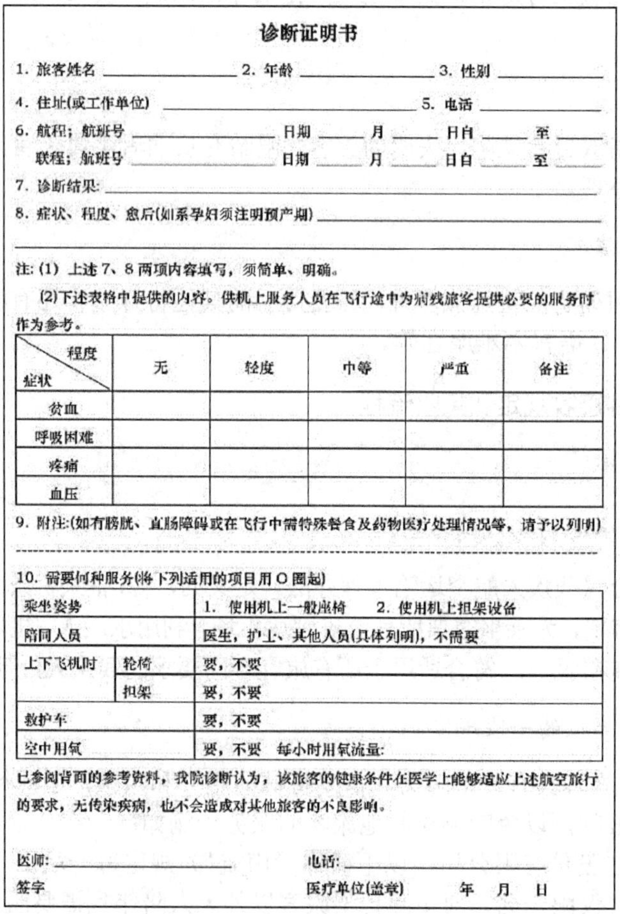

诊断证明书

1. 旅客姓名 ________ 2. 年龄 ________ 3. 性别 ________

4. 住址(或工作单位) ________ 5. 电话 ________

6. 航程；航班号 ________ 日期 ____ 月 ____ 日自 ____ 至 ____

联程；航班号 ________ 日期 ____ 月 ____ 日自 ____ 至 ____

7. 诊断结果: ________

8. 症状、程度、愈后(如系孕妇须注明预产期) ________

注: (1) 上述 7、8 两项内容填写，须简单、明确。

(2)下述表格中提供的内容。供机上服务人员在飞行途中为病残旅客提供必要的服务时作为参考。

症状＼程度	无	轻度	中等	严重	备注
贫血					
呼吸困难					
疼痛					
血压					

9. 附注:(如有膀胱、直肠障碍或在飞行中需特殊餐食及药物医疗处理情况等，请予以列明)

10. 需要何种服务(将下列适用的项目用 O 圈起)

乘坐姿势		1. 使用机上一般座椅　2. 使用机上担架设备
陪同人员		医生，护士、其他人员(具体列明)，不需要
上下飞机时	轮椅	要，不要
	担架	要，不要
救护车		要，不要
空中用氧		要，不要　每小时用氧流量:

已参阅背面的参考资料，我院诊断认为，该旅客的健康条件在医学上能够适应上述航空旅行的要求，无传染疾病，也不会造成对其他旅客的不良影响。

医师: ________　　电话: ________

签字　　医疗单位(盖章)　　年　月　日

图 1-3-8　诊断证明书

3. 轮椅旅客接收规定和接收流程

（1）轮椅旅客接收规定

1）旅客自备的轮椅应当托运，换坐承运人提供的轮椅。

2）轮椅可以当场申请（图1-3-9），不收取任何费用，旅客也可以无人陪伴。

特殊旅客乘机申请书 中国东方航空 CHINA EASTERN 上海航空公司 SHANGHAI AIRLINES

特殊旅客乘机申请书 **Special Service Applications**	
旅客姓名： Name:	手机： Mobile:
航班号/日期： Flt No. / Date	航程： Route:
票号/Tkt No.:	

您需要的服务 Special service you need

☐ 机场轮椅 Wheelchair at airport	☐ 客舱轮椅 Cabin wheelchair
☐ 机上用氧 Oxygen in cabin	☐ 担架 Stretcher
☐ 机场陪伴服务 Accompanying at airport	☐ 携带服务犬上机 Travelling with service animal
☐ 托运电动轮椅 Checking electric wheelchair at airport	☐ 在客舱内存储折叠轮椅(尺寸应不大于33 × 91 × 106CM) Storing the folding wheelchair in the aircraft （the size less than 13 × 36 × 42inches)

☐ 10 人或 10 人以上残障（疾）人旅客团体 Accommodation for a group of ten or more qualified individuals with a disability, who make reservations and travel as a group;

在计划旅行时，您向我们提供的信息越多，我们能为您提供的帮助就越多。

The more information you can provide our representatives when making your travel plans, the more we can help you.

以下内容非必填项，在您已接受的隐私声明内容的基础上我们还将收集您的健康信息，您是否确认提供以下健康信息以帮助我们更好地对您提供服务，若是请进行签字确认。

The following information is optional filling. We will also collect your health information on the basis of your accepted privacy statement. Do you confirm that you will provide the following health information to help us better serve you? If so, please sign and confirm.

签字栏/Signature_____

☐ 患病 Patient 请提供医生证明 You may need to present a medical certificate from a doctor	
☐ 无陪老年旅客 Unaccompanied elderly	
☐ 视力障碍 Visually impaired	☐ 听力障碍 Hearing impaired
☐ 精神障碍 Mentally impaired	☐ 智力障碍 Intellectually impaired

行动能力障碍（请选择类型）Mobility impaired(please specified)

☐ 不能自行行走 Unable to walk
☐ 可自行上下楼梯及短距离行走 Can go up and down the stairs and walk short distances
☐ 需扶助、不能自行上下楼梯、但能短距离行走 Unable to go up and down the stairs but can walk short distances

其他障碍 Others 请注明 Please specified:

是否有陪伴人员 Do you have any accompanied person during the trip? Yes ☐	
陪伴人员或接机人员姓名： Accompanied or picking-up person Name:	手机： Mobile:

图 1-3-9 特殊旅客乘机申请书

（2）轮椅旅客接收流程

1）确认信息。

① 提取旅客记录，检查旅客申请手续是否齐全。询问并观察旅客的行动能力，确认轮椅类型，并在系统中输入正确的轮椅代码。

② 临时申请的 WCHR/WCHS（WCHC 须按残疾旅客接收条件事先提出申请），根据机型规定数量及相关航站现场保障能力，确认其是否可接收。如果可以接收，则按已申请的轮椅旅客操作；如果不能接收，则为旅客办理退票或改签手续。

③ 对于在机场和飞行途中需要提供特殊服务的轮椅旅客（如需要提供氧气瓶等），还须出示医生的诊断证明书和适宜乘机证明。

2）安排座位，打印登机牌。

① 为轮椅旅客优先办理乘机手续，将旅客的座位尽量安排在靠通道、方便旅客进出的座位上，但不可安排在紧急出口座位。

② 为轮椅旅客打印登机牌。

3）联系特殊服务人员，填写特殊旅客服务通知单。

① 工作人员通知服务人员带轮椅到现场（图 1-3-10）。

图 1-3-10　服务人员带轮椅到现场服务

② 确认旅客航班号、航班时刻、目的地、姓名、座位号，按规定填写特殊旅客服务通知单（图 1-3-11）。

特殊旅客服务通知

SPECIAL SERVICE INFORMATION

上机点 Station		航班号 Flight No.		日期 Date		机号 Aircraft No.	
旅客姓名 Passenger Name	目的地 DEST	座位号 Seat No.	重要旅客 VIP	无成人陪伴儿 童 UM	病残旅客 SP	特殊餐食 SPML	其他 OTHS
说明 Remark:							
客运值机人员:		客运服务人员:		客舱税务人员:		到达站接机人员:	

图 1-3-11　特殊旅客服务通知单

4. 担架旅客接收规定和接收流程

（1）担架旅客接收规定

1）需要担架的旅客必须在定座时提出申请，申请时间根据各航空公司的规定执行。

2）每一航班的每一航段上，只限载运一名担架旅客。

3）除经特别同意外，头等舱和公务舱拒绝接收任何担架旅客。

4）担架旅客必须至少由一名医生或护理人员陪同旅行。经由医生证明，病人在旅途中不需要医务护理时，也可由其家属或监护人陪同旅行。

（2）担架旅客接收流程

1）确认信息。

① 提取旅客记录，确认已提前申请担架服务。

② 核对旅客所持的诊断证明书的有效性。

2）座位预留。

① 每个航班一般最多接收一名担架旅客，除特殊情况外，只接收经济舱担架旅客。

② 机上担架（图 1-3-12）固定区域的座位应安排在其他旅客视觉之外的角落。

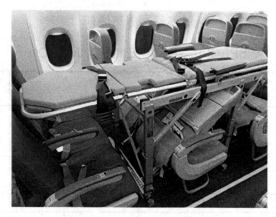

图 1-3-12　航班担架所占座位

③ 除担架旅客的陪同人员外，尽可能避免安排机上担架周围座位给其他旅客；当航班客满，其他旅客被安排在担架旅客周围时，客运人员应事先解释说明座位情况。

④ 事前必须根据飞机设备相应规定数额拆卸担架座位并加以固定。

⑤ 每种型号的飞机均有固定的担架座位供拆卸。

3）办理乘机手续。

① 按照预留的座位排号优先办理乘机手续，为担架旅客及陪同人员打印登机牌。

② 按规定填写特殊旅客服务通知单。

（二）孕妇旅客接收规定和接收流程

1. 孕妇旅客接收规定

因为在高空飞行中，空气中的氧气成分相对减少、气压降低，所以孕妇运输需要有一定的限制条件。

1）怀孕 32 周或不足 32 周的孕妇乘机，除医生诊断不适宜乘机外，可按一般旅客运输。

2）怀孕 32 周以上但不超过 36 周的孕妇乘机，应提供诊断证明书。

3）怀孕超过 36 周的孕妇，或者乘机时预产期在 4 周（含）以内的，一般不予承运。

4）航空公司拒绝承运有早产症状的孕妇旅客和分娩后 7 天内的产妇旅客。

2. 孕妇旅客接收流程

（1）判断旅客怀孕周期

1）判断该孕妇是否符合承运人规定的承运条件。

2）如果该孕妇怀孕超过 32 周，但不超过 36 周，检查该孕妇是否具备在起飞前 72 小时之内填开的诊断证明书。

（2）办理乘机手续

1）如果上述手续齐全，按照一般旅客乘机手续流程办理，无须填写特殊旅客服务通知单。

2）优先为孕妇旅客安排前排座位，不予安排紧急出口座位。

（三）无成人陪伴儿童旅客接收规定和接收流程

1. 无成人陪伴儿童旅客接收规定

（1）无成人陪伴儿童旅客（图1-3-13）接收范围

① 5周岁（含）至12周岁（含）以下儿童。如果上述年龄的儿童与成人一起旅行，舱位不同，也视为无成人陪伴儿童旅客。

② 5周岁以下的无成人陪伴儿童旅客不予承运；年龄在12周岁以上但未满18周岁的未成年人单独乘机，按照无成人陪伴青少年旅客承运。

图1-3-13　无成人陪伴儿童旅客

（2）无成人陪伴儿童旅客接收一般规定

1）无成人陪伴儿童旅客必须由其父母或监护人代理办理乘机手续。

2）无成人陪伴儿童旅客运输必须得到目的站的迎接人员的肯定回复。

3）无成人陪伴儿童旅客下机后需要委托航空公司送到指定地点的，必须事先提出，并经承运人同意。

4）航班任何等级舱位都接收无成人陪伴儿童旅客。

2. 无成人陪伴儿童旅客接收流程

（1）查验乘运人是否符合运输条件

1）查验证件，确认乘机人的年龄是在5周岁以上12周岁以下的无成人陪伴、单独乘机的儿童。

2）检查复核旅客出示的无成人陪伴儿童乘机申请书（图1-3-14）。

3）确认无成人陪伴儿童乘机由儿童的父母或监护人陪送到上机地点，在儿童的下机地点已经安排人员迎接或照顾，与送机人确认接机人信息。

中国南方航空
CHINA SOUTHERN

无成人陪伴儿童/青少年乘机申请书
UNACCOMPANIED MINOR
REQUESTED FOR CARRIAGE—HANDLING ADVICE

至：中国南方航空公司_____售票处　　　　　日期
TO_____　DATE _____

儿童姓名 NAME OF MINOR_____　　　性别 GENDER_____
出生年月 DATE OF BIRTH_____　　　　年龄 AGE_____

航程 ROUTING

自 FROM	至 TO	航班号 FLT NO	等级 CLASS	日期 DATE

航站 STATION	接送人姓名 NAME OF PERSON ACCOMPANYING	地址、电话 ADDRESS AND TEL NO.
始发站 ON DEPARTURE		
到达站 ON ARRIVAL		

儿童/青少年父母或监护人姓名、地址、电话：
PARENT/GUARLIAN—NAME, ADDRESS AND TEL. NO. _____

声　明

中国南方航空公司_____售票处：　　　　日期：

1. 我作为正面所列儿童/青少年的父母或监护人，同意和要求该儿童/青少年按无成人陪伴儿童/青少年的规定进行运输，并证明所提供的情况，正确无误。

2. 我保证申请书中所述儿童/青少年在始发站和到达站由我所列明的人负责接送。送机人将保证留在机场内，直至航班起飞以后。接机人将按照班期时刻表所列的航班到达时间以前抵达到达站机场内。

3. 我保证该儿童/青少年已具备有关国家政府法令要求的全部旅行证件（如：护照、签证、健康证明书等）。

4. 由于正面所列接机人未按本约定接机导致儿童/青少年无人认领时，为确保儿童/青少年安全，我授权承运人采取包括但不限于运返始发站、报警处理等必要行动。我同意支付承运人在采取这些行动中所支付的必要合理费用，同时我将自行承担由于儿童/青少年无人接机造成的全部后果。

申请人签字_____

DECLARATION

To: _____office , China Southern Airlines　　　Date:

1. I, as the parent or guardian of the minor listed on the front side, consent to and request that the minor be transported under the provisions for unaccompanied minor and certify that the information provided is correct.

2. I warrant that the minor will be picked up at the departure and arrival stations by the persons mentioned in the application form. The person who send the minor to airport will remain in the airport until the flight takes off. The pick-up person will arrive at the airport prior to the schedule time of arrival of the flight.

3. I guarantee that the minor has all the travel documents (e.g. passport, visa, health certificate, etc.) required by the decree of the government of the country concerned.

4. If the minor is not picked up by the person listed on the front, I authorize the carrier to take necessary actions, including but not limited to returning to the departure station or/and calling the police, in order to ensure the safety of the minor. I agree to pay the necessary and reasonable costs incurred by carrier in taking these actions, and I bear the full consequences of the minor's unattended circumstance.

Signature_____

图 1-3-14　无成人陪伴儿童乘机申请书

（2）办理乘机手续

1）核对系统中的无成人陪伴儿童旅客信息，优先为其安排前排座位，不得安排紧急出口座位。

2）按规定填写特殊旅客服务通知单。

任务实施

一、任务描述

在飞往北京的 MU5147 航班上，有一名旅客张慈欣因为车祸导致右腿受伤，需要全程乘坐轮椅。航空公司按规定在值机柜台接收该轮椅旅客。

二、任务准备

1）Angel 新一代离港前端系统。

2）人工值机柜台。

3）登机牌打印机。

4）特殊旅客服务通知单。

5）轮椅。

三、安全及注意事项

1）依据旅客的要求，同时按照航班实际情况，合理安排座位，培养主动服务意识。

2）向特殊旅客提供有针对性的服务，体现对特殊人群的人文关怀。

四、操作过程

序号	步骤	操作方法及说明	质量标准
1	确认旅客信息	在 Angel 新一代离港前端系统中选定旅客后，单击"4.特服"按钮或按 F4 键。提取旅客记录，确认已经提前申请轮椅服务 	显示旅客有轮椅特殊服务信息申请
2	核对诊断证明书	核对旅客所持的诊断证明书，确认该旅客适宜乘机，同时有医生签字和医院盖章 	准确判断该旅客诊断证明书的有效性
3	调取航班座位图	在 Angel 新一代离港前端系统中选定旅客后，单击"6.座位"按钮或按 F6 键	显示航班座位图

序号	步骤	操作方法及说明	质量标准
4	为旅客安排座位	将轮椅旅客安排在便于出入的前排靠走道座位。在本航班可利用座位中，以下框中的座位都可以选择 	明确轮椅旅客座位安排要求
5	输入旅客座位信息	在"座位指定"栏输入座位排数指定某一排座位，目前航班靠窗、前排的座位为"32C" 	输入的座位信息满足旅客的要求
6	打印旅客登机牌	① 按 Alt+U 或 Enter 键确认，对旅客完成接收，登机牌打印机自动完成纸质登机牌打印。 ② 核对登机牌上的信息是否正确，检查登机牌上打印的字迹是否清晰	登机牌信息打印完整、清晰
7	填写特殊旅客服务通知单	确认旅客航班号、航班时刻、目的地、姓名、座位号，填写特殊旅客服务通知单 	完成特殊旅客服务通知单填写
8	联系特殊服务工作人员	联系特殊服务工作人员到指定值机柜台，将该轮椅旅客与特殊旅客服务通知单交付特殊服务工作人员 	特殊服务工作人员按时到达指定柜台，完成旅客与特殊旅客服务通知单的交接

问题情境

1）旅客一行 3 人来到机场候机楼值机柜台办理乘机手续，其中一位旅客在一周前做了颈部小手术并提供了出院证明，事先未办理特殊旅客服务申请，现在考虑到身体原因，临时向工作人员申请轮椅服务。应如何操作？

提示：除了患有传染性疾病旅客、病危旅客、精神病现发作旅客、面部严重损伤旅客、无陪伴担架旅客属于拒绝承运的范围，对于其他旅客在问清病情后，确定轮椅服务类型，经当班值班部门同意后可以根据航班情况临时接收。

2）旅客贾先生单独成行，已办理乘机登记手续并在贵宾室休息，在此期间不断呕吐并行走困难。经医务人员到场问诊得知：旅客患有糖尿病，空腹时自行注射了胰岛素引起血糖偏低。医生诊断暂时不适宜乘机，但旅客本人坚持要乘机出行。该如何处置？

提示：遇有旅客突发疾病情况时，工作人员应站在旅客角度着想，不能直接拒绝旅客。可以联系医疗急救机构，由医生或专业人员对患病旅客进行诊断，而不能由工作人员主观推断来决定旅客是否适宜继续旅行。

考核评价

评价类别	评价内容	评价标准	分值	得分
理论知识	复述特殊旅客的种类	准确复述特殊旅客的种类得分，每类特殊旅客遗漏或复述错误扣 2 分	10 分	
	描述特殊旅客的接收规定和流程	准确描述特殊旅客的接收规定和流程。每类特殊旅客接收规定和流程描述错误扣 5 分	10 分	
操作技能	确认该航班特殊旅客情况	通过系统迅速查找到本航班的特殊旅客信息，并会准确释读。准确说出本航班的特殊旅客信息，则得分，反之 0 分	5 分	
		如果该特殊旅客需要出示诊断证明书，能确定诊断证明书的有效性。准确判断诊断证明书的有效性得分，判断错误 0 分	10 分	
	座位确认	按照特殊旅客座位安排要求为旅客安排座位。座位安排符合特殊旅客运输规定，则得分，反之 0 分	10 分	
		在系统中输入旅客座位信息。正确输入信息得分，反之 0 分	10 分	
	打印登机牌	在完成旅客信息编辑并确认无误后打印登机牌。完成登机牌打印得分，反之 0 分	5 分	
	填写特殊旅客服务通知单	按照旅客信息准确填写特殊旅客服务通知单。每项信息填写错误或漏填扣 10 分	20 分	
	与特殊服务工作人员交接	完成与特殊服务工作人员的工作交接。完成交接工作得分，反之 0 分	10 分	
职业素养	真情服务意识	在特殊旅客接收过程中，有注重服务细节行为得分	10 分	

拓展训练

1）东北旅客严女士的老伴因患肝癌早期在复旦大学附属中山医院手术后出院，经医院主治医生建议，旅客和老伴决定乘坐后天南航的航班从上海回沈阳。

① 该旅客要求为老伴申请轮椅服务，请登录南航官网，为该旅客模拟申请。将申请过程截屏上传给教师。

② 如果严女士的老伴没有医院的乘机证明，请登录南航官网，为严女士下载相关证明并填写。将填写好的相关证明电子稿上传给教师。

2）由于工作原因，老家在北京的刘女士一家人平时在温州生活，最近刘女士 8 岁的儿子程小杰准备搭乘后天中国国际航空股份有限公司（以下简称"国航"）的航班独自回老家居住两个月。请登录国航官网，为程小杰模拟申请无成人陪伴儿童旅客服务，下载并填写申请书。将申请过程截屏，连同填写好的申请书电子稿上传给教师。

工作任务四 收运行李

职业能力一 运用指令操作离港系统，为旅客办理行李托运手续

核心概念

民航运输中的行李是旅客在旅行中为了穿着、使用、舒适或便利而携带的必要或适量的物品和其他个人财物（图 1-4-1）。

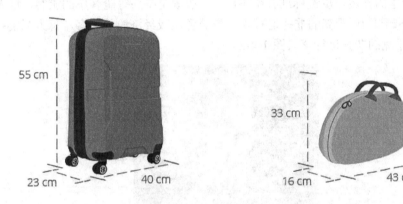

图 1-4-1 托运行李和非托运行李

学习目标

1. 准确复述行李的重量和体积限制及包装规定。
2. 准确阐述锂电池和充电宝的乘机规定。
3. 通过询问旅客准确判断旅客托运行李内物是否符合航空安全规定。
4. 通过观察判断旅客的托运行李体积和包装是否符合民航运输规定。
5. 按行李运输规定接收旅客的托运行李。
6. 在接收旅客行李的过程中，严格遵守行李运输规定，培养安全第一的理念。

相关知识

一、行李的分类

1. 托运行李

托运行李是指旅客交由承运人负责照管和运输并出具行李运输凭证的行李。

2. 非托运行李

非托运行李是指旅客自行负责照管的行李。

二、行李的重量和体积限制

1. 托运行李的重量和体积限制

国内运输中托运行李的重量每件不能超过 50 千克，体积每件不能超过 40 厘米×60 厘米×100 厘米。国际运输中托运行李的件数、体积和重量按承运人的规定执行。超过上述规定的行李，须事先征得承运人的同意才能托运。

2. 非托运行李的重量和体积限制

非托运行李应能置于前排座位下或能放于客舱的密闭存放部位。各航空公司对不同舱位非托运行李的件数及重量标准有所不同，一般规定持头等舱客票的旅客，每人可随身携带 2 件不超过 10 千克的非托运行李；持公务舱或经济舱的旅客，每人只能携带 1 件不超过 10 千克的非托运行李（图 1-4-2）。

图 1-4-2　非托运行李重量和体积判断

三、行李的包装规定

托运行李必须包装完善、锁扣完好、捆扎牢固，能承受一定的压力（图 1-4-3），能够在正常的操作条件下安全装卸和运输，并应当符合规定条件，否则，航空公司可以拒绝收运。这些条件如下。

1）旅行箱、旅行袋和手提包等必须加锁。

2）不能将两件以上的包件捆为一件。

3）行李上不能附插其他物品。

4）竹篮、网兜、草绳、草袋等不能作为行李的外包装物。

5）行李上应当写明旅客的姓名、详细地址、电话号码。

图 1-4-3　准备托运的行李包装

四、旅客携带锂电池乘机规定

按照中国民用航空局下发的《关于加强旅客行李中锂电池安全航空运输的通知》规定，对于旅客行李中携带锂电池的，按照国际民航组织《危险物品安全航空运输技术细则》（2011—2012 版）（以下简称《技术细则》）的以下规定执行。

1）旅客或机组成员为个人自用内含锂或锂离子电池芯或电池的便携式电子装置（手表、计算器、照相机、手机、手提电脑、便携式摄像机等）应作为手提行李携带登机，并且锂金属电池的锂含量不得超过 2 克，锂离子电池的额定能量值不得超过 100 瓦小时。超过 100 瓦小时但不超过 160 瓦小时的（图 1-4-4），经航空公司批准后可以装在交运行李或手提行李中的设备上。超过 160 瓦小时的锂电池严禁携带。

图 1-4-4　额定能量值不超过 100 瓦小时的锂电池

2）便携式电子装置的备用电池必须单个做好保护以防短路（放入原零售包装或以其他方式将电极绝缘，如在暴露的电极上贴胶带，或将每个电池放入单独的塑料袋或保护盒中），并且仅能在手提行李中携带。经航空公司批准的 100～160 瓦小时的备用锂电池只能携带两个。

3）旅客和机组成员携带锂离子电池驱动的轮椅或其他类似的代步工具，以及旅客为医疗用途携带的、内含锂金属或锂离子电池芯或电池的便携式医疗电子装置，必须依照《技术细则》的运输和包装要求携带并经航空公司批准。

五、旅客携带充电宝乘机规定

充电宝是指主要用于为手机等电子设备提供外部电源的锂电池移动功能电源。根据现行有效国际民航组织和《中国民用航空危险品运输管理规定》，旅客携带充电宝乘机应遵守以下规定。

1）充电宝必须是旅客个人自用携带。

2）充电宝只能在手提行李中携带或随身携带，严禁在托运行李中携带。

3）充电宝额定能量不超过 100 瓦小时，无须航空公司批准；额定能量超过 100 瓦小时但不超过 160 瓦小时，经航空公司批准后方可携带，但每名旅客不得携带超过两个充电宝。

4）严禁携带额定能量超过 160 瓦小时的充电宝（图 1-4-5）；严禁携带未标明额定能量或不能通过标注的其他参数计算得出额定能量的充电宝。

图 1-4-5　不同额定能量值的充电宝

5）不得在飞行过程中使用充电宝给电子设备充电。对于有启动开关的充电宝，在飞行过程中应始终关闭充电宝。

六、不能作为行李运输的物品

1）国家规定的禁运物品、限制物品、危险物品，以及具有异味或容易污损飞机的其他物品。

2）不属于行李的物品。

禁运物品包括枪支（含各种仿真玩具枪、枪型打火机，以及其他各种类型的攻击性武器）、弹药、军械、警械、管制刀具（如匕首、三棱刀、带有自锁装置的弹簧刀、跳刀，以及其他类似的单刃、双刃、三棱尖刀）等。

危险物品包括爆炸物品、易燃易爆物品、可燃液体、压缩气体、腐蚀液体、剧毒物品、氧化剂、可聚合物、磁性物质、放射性物质，以及可能损坏飞机结构的用品和国家规定的其他禁运物品。

不属于行李的物品包括动物（小动物、导盲犬和助听犬除外）、电视机等。

七、行李接收的规定

1）旅客的托运行李、非托运行李，如果不属于行李的范围，则航空公司有权拒绝接受该行李的运输。

2）旅客的托运行李，如果属于或夹带有不得作为托运行李的物品，航空公司有权拒绝接受该行李作为托运行李运输。

3）旅客携带了属于限制运输的物品，如果旅客没有或拒绝遵守航空公司的限制运输条件，航空公司有权拒绝接受该行李的运输。

4）旅客的托运行李和非托运行李，如果因其形态、包装、体积、重量或特性等原因不符合航空公司的运输条件，则应请旅客加以改善；如果旅客拒绝改善，则航空公司有权拒绝接受该行李的运输。

■ 任务实施

一、任务描述

1）经济舱旅客李长江准备乘坐 MU5147 航班由上海前往北京，该旅客来到人工值机柜台携带一个双肩背包和一个旅行箱办理乘机手续。请为该旅客办理行李收运。

2）经济舱旅客李长江准备乘坐 MU5147 航班由上海前往北京，在自助值机柜台打印登机牌后，携带一个行李箱来到自助行李托运柜台。请指导和帮助该旅客办理行李托运手续。

二、任务准备

1）Angel 新一代离港前端系统。
2）人工值机柜台。
3）行李牌打印机。
4）自助行李托运设备。
5）行李样品。

三、安全及注意事项

1）依据民航行李运输相关规定，主动提示旅客行李内物和行李重量、包装是否符合行李运输的要求，保证飞行安全。

2）遇到旅客的行李外包装等事项不符合民航运输的规定时，能主动为旅客提供便捷的解决方案，确保旅客及时成行。

四、操作过程

1. 任务一

序号	步骤	操作方法及说明	质量标准
1	询问旅客3个问题	① 这行李是您自己的吗？ ② 是否是您亲自打包所有的物品？ ③ 打包结束后，是否有其他物品被放入其中	提问清楚，旅客回答明确
2	检查旅客托运行李	① 确认行李为旅客本人所有，告知旅客须随身携带充电宝和锂电池。 ② 目测判断行李体积、件数、类别，并称重，确定是否适合托运。 ③ 仔细观察托运行李外包装是否符合要求，确定无破损处。 ④ 确定行李内是否有易碎物品、是否有贵重物品，并向旅客建议随身携带易碎物品、贵重物品	托运行李内物符合民航运输规定，行李包装、体积、重量符合要求
3	检查旅客非托运行李	① 告知旅客不允许随身携带火柴、打火机。 ② 目测旅客非托运行李件数，若超件，则建议旅客托运。 ③ 目测旅客非托运行李体积，估算重量，提前拦截超大超重非托运行李	旅客非托运行李顺利通过后续的安检和登机口的工作人员检查，保证旅客顺利登机
4	将托运行李置于传送带	① 将旅客托运行李的把手朝上，逐个摆放。 ② 根据行李种类，软包放入中转箱中，防止行李卡包 	行李摆放正确，方便安全检查

序号	步骤	操作方法及说明	质量标准
5	打印行李牌	① 在 Angel 新一代离港前端系统中选定旅客后，在行李（F5）界面正确输入行李件数、重量，并核对目的地。例如，为旅客添加1件行李12千克，在"行李件数重量"输入 1/12。 ② 打印行李牌。 ③ 如果旅客托运行李内有贵重物品、易碎品等，则请旅客在行李牌背面签署免责事项，告知旅客相关提示 	行李牌信息打印完整、清晰，行李免责事项填写准确
6	拴挂行李牌	① 如果旅客托运行李内有易碎物品，应粘贴行李易碎标签。 	行李牌拴挂位置准确、不掉落，保证行李不错运、不漏运。行李易碎标签使用适当，粘贴位置准确，提示行李装卸队轻拿轻放

序号	步骤	操作方法及说明	质量标准
6	拴挂行李牌	② 将行李提取牌贴于登机牌大联反面，1个小联贴于行李上。 ③ 有把手的行李，剩余行李条环形拴挂在把手上（双把手行李，只拴挂在一个把手上）；无把手的行李，剩余行李条以交叉方式贴在行李表面 	行李牌拴挂位置准确、不掉落，保证行李不错运、不漏运。行李易碎标签使用适当，粘贴位置准确，提示行李装卸队轻拿轻放
7	等待行李安检	① 用扫描枪扫描拴挂行李条上的条形码。 	旅客托运行李通过安检

续表

序号	步骤	操作方法及说明	质量标准
7	等待行李安检	② 如果安检机器不鸣叫、绿灯亮，则表示托运行李通过安检。③ 如果安检机器鸣叫、红灯亮，按消音键，告知旅客需要开检行李，将旅客证件和行李提取牌交给旅客，告知旅客开包处，提醒旅客开检后回柜台领取登机牌	旅客托运行李通过安检
8	唱票交接	交接旅客证件和登机牌，用手势为旅客指引登机口方向，和旅客告别	旅客物品无遗留，明确登机口位置

2. 任务二

序号	步骤	操作方法及说明	质量标准
1	阅读危险品公告	① 进行中英文语言选择。 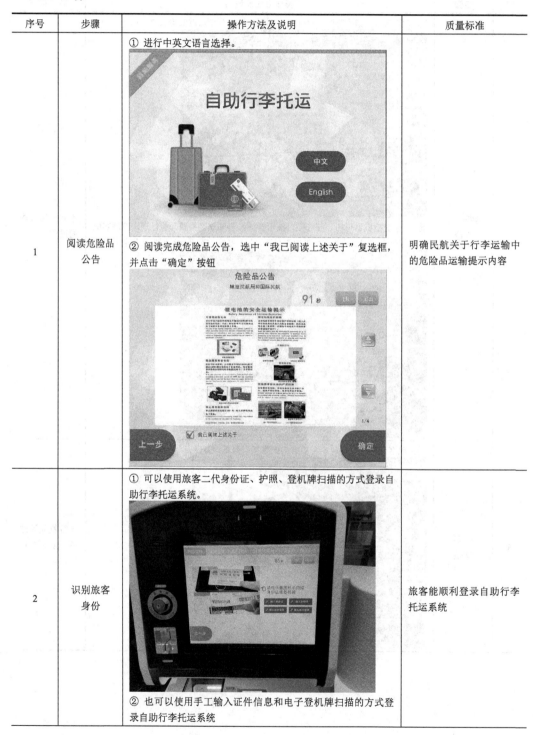 ② 阅读完成危险品公告，选中"我已阅读上述关于"复选框，并点击"确定"按钮	明确民航关于行李运输中的危险品运输提示内容
2	识别旅客身份	① 可以使用旅客二代身份证、护照、登机牌扫描的方式登录自助行李托运系统。 ② 也可以使用手工输入证件信息和电子登机牌扫描的方式登录自助行李托运系统	旅客能顺利登录自助行李托运系统

序号	步骤	操作方法及说明	质量标准
3	打印、拴挂 行李牌	① 在系统中输入托运行李件数。 ② 打印行李牌。 ③ 根据动画提示，拴挂行李牌	行李牌打印信息清晰，拴 挂位置准确

序号	步骤	操作方法及说明	质量标准
4	将托运行李置于传送带，自动称重	① 将要托运的行李置于传送带上。 ② 显示屏可以自动显示行李当前重量、累加重量。如果行李超过仪表设定的重量，则会触发警告信息，输送机皮带反转，行李将被自动回退给旅客 	行李位置摆放正确，旅客托运行李被称重
5	打印行李提取联	按照系统提示打印行李提取联，完成行李自助托运操作。如果提示安检判包结果不通过，根据行李提取联提示，前往开包检查室开包检查，将行李整理后重新托运 MF 162345　02DEC　HGH 01 / 9 **MF 8454** XXX/XXX　　BN: 013 TO: HGH　MF 8454　02DEC VIA: VIA: 您的行李需要开包检查，请您务必到开包检查室，否则您的行李无法同机到达。	行李提取联信息打印完整、清晰，完成行李自助托运操作

问题情境

1）旅客唐先生新购买了一只智能旅行箱，内含锂电池和摄像头，能与唐先生的手环配对，具有自动跟踪功能。唐先生来到值机柜台办理该智能旅行箱的托运手续，对于内含锂电池的托运行李如何处置？

提示：安装了锂电池的智能行李，如果电池不可拆卸，锂含量超过0.3克或额定功率超过2.7瓦小时，则禁止携带；如果电池可以拆卸，则可以将电池卸下，按备用电池要求带入客舱。

2）旅客李先生独自一人从遵义乘机回上海，送行的朋友送了一桶用5升矿泉水桶装的自酿白酒。李先生来到值机柜台，准备把白酒和自己的行李箱一起托运。应如何处置？

提示：按照中国民用航空局《民航旅客限制随身携带或托运物品目录》的公告，当白酒作为行李托运时，每个容器容积不得超过5升，但是已经打开封口的品牌白酒或自己灌装的白酒禁止运输。

考核评价

评价类别	评价内容	评价标准	分值	得分
理论知识	复述行李的体积重量规定和包装规定	准确复述行李的体积重量规定和包装规定得分。每条规定遗漏或复述错误扣2分	10分	
	描述锂电池（充电宝）的运输规定	准确描述锂电池（充电宝）的运输规定得分。每条规定遗漏或复述错误扣5分	10分	
操作技能	检查行李	准确判断旅客行李是否属于民航运输规定的行李范畴，结论准确。判断正确得分，判断错误0分	5分	
		通过与旅客交流，判断行李中有无禁运物品、限运物品，结论准确。每一类物品判断错误扣10分	10分	
		检查旅客行李的包装、体积、重量等是否符合民航运输的规定，结论准确。每一项判断错误扣10分	20分	
		在检查过程中，能遵照相关规定为旅客提供便捷的行李运输解决方案，岗位用语规范。方案符合民航行李运输规定得10分，语言符合岗位规范得5分	15分	
	输入行李信息，打印行李牌	在离港系统中输入旅客托运的行李件数和重量，打印行李牌。信息输入正确且完成登机牌打印得分，反之0分	10分	
	拴挂行李牌	准确完成行李牌拴挂。行李牌拴挂不规范扣10分	10分	
职业素养	安全第一意识	在接收旅客行李的过程中，严格遵守行李运输规定，无疏漏粗心行为得分	10分	

拓展训练

1）请查阅东方航空公司（以下简称"东航"）官网，填写东航对国内航班和国际航班关于托运行李、非托运行李的重量限制和体积限制规定并填写表 1-4-1。

表 1-4-1　东航对国内航班和国际航班关于行李的重量、体积限定表

行李性质	国内航班		国际航班或地区航班			
			除加拿大外的北美航线		其他国际或地区航线	
	重量限制	体积限制	重量限制	体积限制	重量限制	体积限制
托运行李						
非托运行李						

2）旅客杨国庆准备回成都探亲，携带了图 1-4-6 中的行李，按照要求填写序号，为该旅客整理行李。

　① 托运行李：_____。

　② 非托运行李：_____。

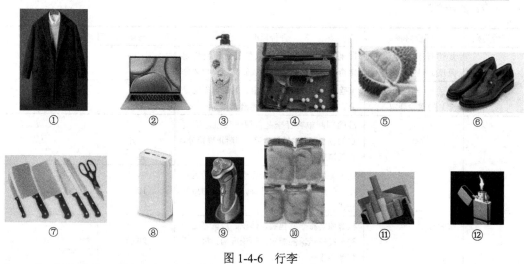

图 1-4-6　行李

职业能力二　为旅客办理逾重行李托运手续

核心概念

逾重行李是指旅客的托运行李和自理行李超过计重或计件免费行李额部分的行李。

学习目标

1. 能复述计重制和计件制免费行李额规定。
2. 能准确阐述逾重行李费的计算方法。

3. 根据逾重行李收费标准，正确计算旅客的逾重行李费用。

4. 根据旅客信息和计算结果，正确填写逾重行李票。

5. 在为旅客办理逾重行李托运的过程中，仔细核对行李信息，培养严谨细致的工作态度。

相关知识

一、计重制免费行李额

我国的承运人在国内航线上实行计件制免费行李额和行李收费标准。

持成人或儿童客票的旅客免费行李额为头等舱 40 千克、公务舱 30 千克、经济舱 20 千克。

每件行李长、宽、高分别不得超过 100 厘米、60 厘米、40 厘米。

持婴儿客票的旅客一般无免费行李额。

二、计件制免费行李额

我国的承运人在国际航线上实行计件制免费行李额和行李收费标准。各承运人的行李运输政策不尽相同，但遵循以下基本标准。

持成人或儿童客票的旅客免费行李额为头等舱 3 件（32 千克/每件）、公务舱 2 件（32 千克/每件）、经济舱 2 件（23 千克/每件）。

每件行李长、宽、高之和不得超过 158 厘米。

持婴儿客票（无论何种舱位）的旅客可免费托运一件行李，重量不得超过 23 千克，其长、宽、高之和不得超过 115 厘米。

三、托运行李逾重行李费的计算方法和收取流程

根据旅客所乘坐的航班、航线、舱位选定所适用的承运人行李规则（示例见表 1-4-2 和表 1-4-3）判断旅客所托运的行李是否超重或超件。

表 1-4-2　甲承运人行李规则一览表

舱位	每件重量上限	行李数量上限	每件尺寸上限
公务舱	32 千克	2 件	158 厘米
超级经济舱	23 千克	2 件	158 厘米
经济舱	23 千克	2 件	158 厘米
超级会员	公务舱 32 千克 超级经济舱、经济舱 23 千克	在相应舱位的免费行李额 上增加 1 件免费行李	158 厘米

表 1-4-3　乙承运人行李规则一览表

舱位	每件重量上限	行李数量上限	每件尺寸上限
头等舱	32 千克	3 件	158 厘米
公务舱	32 千克	2 件	158 厘米

续表

舱位	每件重量上限	行李数量上限	每件尺寸上限
超级经济舱	23 千克	2 件	158 厘米
经济舱	23 千克	1 件	158 厘米
超级会员	头等/公务舱 32 千克 超级经济舱、经济舱 23 千克	头等舱 4 件 公务舱、超级经济舱 3 件	158 厘米

1. 计重制逾重行李费的计算方法

计重制逾重行李费的计算公式为

逾重行李费＝（行李总重量－免费行李额总量）×（0.015×经济舱票价金额）

如果没有公布直达票价，则采用分段相加的方法计算。人民币费率以分为单位，逾重行李费以元为单位，元以下四舍五入。其他按当地货币折算。

例：旅客张辉乘坐 FM9101 航班从上海至北京，该旅客持 C 舱客票（票价人民币 1 300.00 元），该航班 Y 舱客票票价为人民币 1 130.00 元。张辉的托运行李重量为 53.3 千克，计算张辉须交纳的逾重行李费用。

解：

行李总重量为 53.3 千克（四舍五入，按 53 千克计算），旅客免费行李额为 30 千克，则逾重行李费为

逾重行李费＝（行李总重量－免费行李额总量）×（0.015×经济舱票价金额）

＝（53－30）×（0.015×1 130.00）

＝389.85 元（四舍五入，按 390 元交纳）

2. 计件制逾重行李费的计算方法

1）超重行李：每件大于 23 千克，小于或等于 32 千克，按费率收取一次。

2）超大行李：每件大于 158 厘米，小于或等于 203 厘米，按费率收取一次。

3）超大、超重、超件行李：将对应的收费标准进行叠加计收。

有个别承运人或航线所托运的单件行李重量上限为 32 千克或 45 千克，体积上限为 203 厘米。如果超过此上限，则须事先征得承运人同意或不得作为行李托运。

例：旅客刘毅从上海乘坐某承运人航班直飞洛杉矶。该旅客持经济舱机票可享免费托运两件行李（重量不得超过 23 千克/每件、三边之和不得超过 158 厘米/每件），但实际需要托运行李 4 件，分别是 34 千克、128 厘米；31 千克、160 厘米；43 千克、200 厘米；20 千克、113 厘米。

参照表 1-4-4 计算应该收取的逾重行李费。

表 1-4-4　丙承运人计件制逾重行李费率表

航线		超重			超大			超件	
		单件	单件	单件	单件 三边和	单件 三边和	单件 三边和	件数	件数
		>23 千克 ≤32 千克	>32 千克 ≤45 千克	>45 千克	>158 厘米 ≤203 厘米	<158 厘米 但两件三边 和>273 厘 米	>203 厘米	超 1~2 件 （每件）	超 3 件（含） 以上（每件）
中国 大陆 香港 澳门 台湾	夏威夷	350 CNY	2 100 CNY	不收运	700 CNY	700 CNY	不收运	1 050 CNY	1 400 CNY
	洛杉矶 旧金山 波特兰 西雅图	450 CNY	2 700 CNY		900 CNY	900 CNY		1 350 CNY	1 800 CNY
	美国 其他 各点	540 CNY	3 240 CNY		1 080 CNY	1 080 CNY		1 620 CNY	2 160 CNY

解：

第 1 件，34 千克 128 厘米。免费行李，超重大于 32 千克，但体积不超，计 2 700 元。

第 2 件，31 千克 160 厘米。超 1~2 件内的第一件，计 1 350 元；超重大于 23 千克计 450 元；超体积大于 158 厘米，计 900 元；总计 2 700 元。

第 3 件，43 千克 200 厘米，超 1~2 件内的第二件，计 1 350 元；超重大于 32 千克计 2 700 元；超体积大于 158 厘米，计 900 元；总计 4 950 元。

第 4 件，20 千克 113 厘米。按免费行李未超标准，忽略不计。

合计应收逾重行李费 2 700＋2 700＋4 950＝10 350（元）

3. 填写逾重行李票

国内逾重行李票填写样本见图 1-4-7。

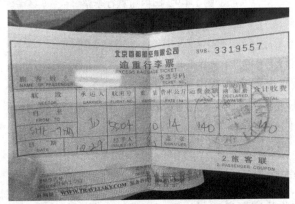

图 1-4-7　国内逾重行李票

国际逾重行李票样本（计件制）见图 1-4-8。

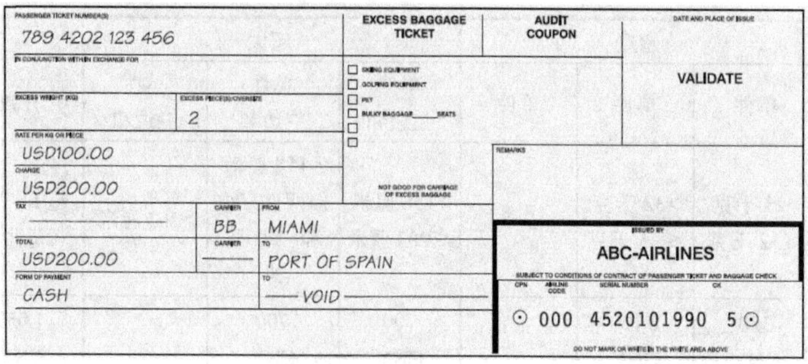

789 4202 123 456

EXCESS BAGGAGE TICKET

AUDIT COUPON

VALIDATE

2

USD100.00

USD200.00

BB　MIAMI

USD200.00　PORT OF SPAIN

CASH　VOID

ABC-AIRLINES

000 4520101990 5

图 1-4-8　国际逾重行李票样本（计件制）

任务实施

一、任务描述

经济舱旅客王琦准备乘坐 MU5147 航班由上海前往北京。该旅客携带一个纸箱和一个旅行箱前来办理行李托运。出发前该旅客自行在家中称重，纸箱重量为 12 千克，旅行箱为 18 千克。判断该旅客行李是否超重。如果超重，则计算逾重行李费并填开逾重行李票（图 1-4-9），指导旅客交纳费用和开具发票。

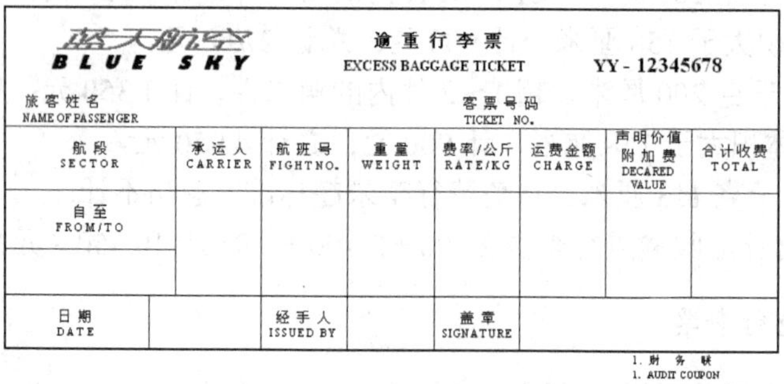

蓝天航空 BLUE SKY

逾重行李票 EXCESS BAGGAGE TICKET　YY - 12345678

旅客姓名 NAME OF PASSENGER　客票号码 TICKET NO.

航段 SECTOR	承运人 CARRIER	航班号 FIGHTNO.	重量 WEIGHT	费率/公斤 RATE/KG	运费金额 CHARGE	声明价值附加费 DECARED VALUE	合计收费 TOTAL
自至 FROM/TO							
日期 DATE		经手人 ISSUED BY		盖章 SIGNATURE			

1. 财务联 1. AUDIT COUPON

图 1-4-9　国内逾重行李票

二、任务准备

1）人工值机柜台。

2）行李运输规定书面文本或电子文档。

3）逾重（计件制和计重制）行李收费单。

4）Angel 新一代离港前端系统。

5）行李样品。

三、安全及注意事项

1）有权拒绝接收旅客愿意交付逾重行李费，但是不符合运输规定的逾重行李。

2）在行李逾重的情况下，如果旅客不愿意付费，则须将该行李信息在系统内删除。

四、操作过程

序号	步骤	操作方法及说明	质量标准
1	判断是否超重	① 将托运行李逐个称重，得出旅客托运行李总重量。 ② 将旅客托运行李总重量，与该旅客免费行李额比对，判断是否超重	准确判断该旅客托运行李是否超重
2	计算逾重行李费用	① 确定旅客托运行李逾重千克数。 ② 按照该航班普通经济舱票价（CNY1790），确定旅客托运行李费率。 ③ 按照上述两项的结果，计算逾重行李费用。如果旅客行李称重结果为2件 30 千克，则逾重行李费＝（行李总重量－免费行李额总量）×（0.015×经济舱票价金额）＝（30−20）×（0.015×1790）＝268.5（元），取269元	逾重行李费用计算准确
3	填写逾重行李票	① 告知旅客逾重行李费用数额，如果旅客不愿意支付，指导旅客重新整理托运行李。 ② 如果旅客无异议，按照上述计算结果，填写逾重行李票 	逾重行李票填写准确、规范
4	逾重行李收费和开具发票	① 与旅客再次确认逾重行李费用数额，指导旅客支付逾重行李费用。 ② 交付旅客纸质定额发票或告知旅客通过登录航空公司官方网站，填写旅客个人信息之后，获取电子发票的流程 	旅客顺利交纳逾重行李费用，按照个人实际需求，获取该项费用的发票或逾重行李票的旅客联

问题情境

1）在旅客刘毅办理行李托运过程中，工作人员告知该旅客托运的 2 件行李超重 8 千克，需要额外收取逾重行李费。这时，刘毅回头看到排在身后的王超只携带了一个计算机包，没有托运行李。于是，刘毅想让王超替自己托运 1 件行李，这样自己就不用支付逾重行李费了。对于这种情况，该如何处置？

提示：民航历史上曾经发生过多次犯罪分子将毒品或危险品交给他人带上飞机的事件。托运的行李同样事关民航安全，旅客切勿盲目"助人为乐"，交运、捎带不属于自己的行李物品，违者将被追究法律责任。按照《中国民用航空安全保卫条例》的相关规定，禁止托带非旅客本人的行李物品，如果违反，则可处以警告、没收非法所得或 5 000 元以下的罚款。

2）旅客刘乐乘坐祥鹏航空的航班从昆明返回上海，该旅客携带了 1 件 16 千克的行李箱准备托运，工作人员告知刘乐需要交纳逾重行李费。刘乐不同意，因为他从上海前往昆明时，同样是 16 千克的行李箱，顺利托运，也不用交逾重行李费。对于这种情况，我们该如何处置？

提示：某些低成本航空公司对行李托运采用差异化管理。如果购买的是该航空公司的低折扣机票，则旅客无免费行李额，托运行李需要按照重量额外收费。

考核评价

评价类别	评价内容	评价标准	分值	得分
理论知识	复述计重制和计件制免费行李额规定	准确复述计重制和计件制免费行李额规定得分。每条规定遗漏或复述错误扣 5 分	10 分	
	描述逾重行李费的计算方法	准确描述逾重行李费的计算方法，描述错误 0 分	10 分	
操作技能	判断旅客的行李是否逾重及旅客的逾重行李收费标准	根据旅客的实际情况，准确判断旅客的行李是否逾重。判断正确得分，判断错误 0 分	5 分	
		准确告知旅客适用的逾重行李收费标准。叙述正确得分，叙述错误 0 分	5 分	
	正确计算旅客的逾重行李费用	根据逾重行李收费标准，正确计算旅客的逾重行李费用。计算结果正确得分，计算结果错误 0 分	30 分	
	正确填写逾重行李单	根据旅客信息和计算结果，正确填写逾重行李票。每项信息错填或漏填扣 10 分	20 分	
	指导旅客交纳费用	指导旅客完成逾重行李费交纳。旅客明确缴费方法得分，反之 0 分	5 分	
	为旅客出具发票	指导旅客开具电子发票。旅客明确发票获取途径得分，反之 0 分	5 分	
职业素养	严谨细致的工作态度	在为旅客办理逾重行李托运的过程中，仔细核对行李信息，无粗心疏漏行为得分	10 分	

拓展训练

1）魏女士等 4 名旅客乘坐东航的航班由上海前往北京，4 人均为经济舱旅客，共托运 10 件行李，总计 165 千克。请查阅东航相关信息数据，计算这 4 名旅客应该交纳的逾重行李费。

2）优惠经济舱旅客赵先生乘坐南航的航班由上海前往伦敦，准备托运 2 件行李，重量各为 20 千克和 30 千克的 28 英寸（1 英寸=2.54 厘米）行李箱。请查阅南航相关信息数据，计算赵先生应该缴纳的逾重行李费。

职业能力三　按照特殊行李收运规定，完成活体小动物、体育休闲用品、客舱占座行李等特殊行李的接收

核心概念

作为行李运输的小动物是指家庭饲养的狗、猫、鸟或其他玩赏宠物。

作为行李运输的体育休闲用品包括高尔夫球用具、滑雪用具、冲浪装备、钓鱼用具、自行车等。

客舱占座行李是指旅客通过支付额外机票费用，可以将携带的贵重物品、易碎物品作为占座行李（非托运行李）运输。

学习目标

1. 准确复述作为行李运输的小动物的概念和运输规定。
2. 准确复述体育休闲用品的种类和运输规定。
3. 准确复述客舱占座行李的运输规定。
4. 完成宠物、体育休闲用品、客舱占座行李等特殊行李的接收。
5. 在特殊行李接收的过程中，培养规范操作的服务意识。

相关知识

一、作为行李运输的小动物运输规定

1. 小动物运输的一般规定

1）如果动物的体形过小（如乌龟、鼠类、观赏鱼等）或体形过大（笼体包装超过最大体积限制）或对运输安全可能造成危害，以及野生动物和具有形体怪异或易于伤人等特性的动物，如蛇等，不属于活体动物范围，则不能作为行李运输。

2）如果旅客要求托运的宠物为短鼻猫、短鼻犬类动物，则不能作为行李运输。

3）作为行李运输的活体小动物必须被装在供氧的货舱内运输（导盲犬和导听犬

除外）。

4）活体小动物运输不能办理声明价值。

5）旅客应对作为行李托运的活体小动物承担全部责任。在运输中除承运人原因外，如果出现小动物患病、受伤和死亡的情况，则承运人不承担责任。

2. 办理活体小动物运输时所需的运输文件

（1）乘坐国内航班办理小动物运输时所需的运输文件

国家相关职能部门出具的动物检疫合格证明（图1-4-10）。

（2）乘坐国际和地区航班办理小动物运输时所需的运输文件

1）国家相关职能部门出具的动物检疫合格证明（国际航班动物检疫合格证明见图1-4-11）。

2）出入境或过境许可证。

3）入境或过境国家所规定的其他文件（参照旅游信息手册中有关国家的规定）。

图1-4-10　国内航班动物检疫合格证明

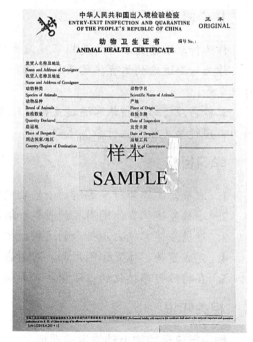

图1-4-11　国际航班动物检疫合格证明

3. 小动物收运的要求

1）作为宠物携带的狗、猫等小动物，旅客必须在定座或购票时提出，并填写小动物/导盲犬运输申请书（图1-4-12）。一般情况下，要求旅客至少应在航班起飞时间前72小时提出申请，经承运人回复同意后，方可托运。

2）每名旅客只可托运一只小动物。

3）每只小动物（包含包装容器和容器内的水及食物）的重量不得超过32千克。

编号 000001

小动物/导盲犬运输申请书
Application for Pets/Seeing-Eye Dog Transportation

旅客姓名 Name of Psgr.	航班号/日期 Flt No. / Date
动物名称 Animal variety	航程 Sector
联运航班/日期 Connecting Flt / Date	
联运承运人同意证明 Permission of successive carrier(s)	
持有的旅行文件名称及编号： Certificate No.	
声明：旅客应对所托运的小动物/导盲犬承担全部责任，除东航原因外，在运输中出现的小动物/导盲犬患病、受伤和死亡，东航不承担责任。如果动物在任何国家、州或属地被拒绝入境或过境，对其受伤、丢失、延误、患病或死亡，东航不承担责任。 Declaration：The passenger shall assumes full responsibility for the pets/seeingeye dog. China Eastern shall not be liable for injury to or loss， delay, sickness or death of animal in the event that it is refused entry into or passage through any country， state， or territory. 旅客本人同意 (签名) I agree (Signature): 日期(Date):	
备注 Remark	

图 1-4-12 小动物/导盲犬运输申请书

4）作为行李运输的小动物，必须装载在具备供氧能力的货舱内运输。

5）办理小动物的托运时，需要取得旅客认可并在行李条背后签署免除责任声明。

4. 小动物运输包装规定

1）应为专用航空宠物托运箱（图 1-4-13），必须由坚固材料制成且顶部固定，至少三面通风，宠物箱的门必须有锁闭装置，并且为坚固的金属材质，箱门关闭后，应可有效地防止宠物自行打开箱门逃逸（图 1-4-14）。

图 1-4-13 航空宠物托运箱

图 1-4-14 固定好的航空宠物托运箱

2）宠物箱的所有配件（包括螺母、门闩、铆钉及锁具等）必须牢固且性能良好。

3）宠物箱的底部平稳，能够固定在平整的面上而不滑动。如果选用带轮子的宠物箱，则需要预先将轮子固定或将轮子拆除，保证在运输过程中宠物箱不滑动。

4）能方便给小动物喂食、喂水，保证小动物可在箱中自由站立或坐下、转身和以正常姿势躺卧（图1-4-15）。

5）宠物箱内部需要铺上吸水性衬垫（如毛巾、毯子），防止宠物的排泄物外溢而污染其他行李。

5. 宠物箱的打包要求

1）运输犬、猫等陆生活体动物时，应使用宠物箱防护网将宠物箱包装并捆扎牢固后再进行打包（图1-4-16）。

图1-4-15　保证小动物的活动空间　　　图1-4-16　使用并打包宠物箱防护网

2）使用打包带打包时，打包带须在防护网外层进行打包并呈"井"字形，打包带分布均匀，打包带间距为20～30厘米。

3）宠物箱侧面不进行横向打包，侧面的打包带均须呈竖状平行状态。要求打包时将打包带穿过箱门网格及防护网格，从一个网格中伸进去，从下一个网格中伸出来，间隔均匀，起到将箱门和箱体、防护网兜固定在一起的作用。

6. 小动物运输费用的规定

（1）国内航程中小动物运输费用的规定

小动物及其容器和携带的食物的重量，不得计算在旅客的免费行李额内，应按逾重行李交付运费。

（2）国际航程中小动物运输费用的规定

小动物运输费用单独计算（表1-4-5），不计入免费行李额，也不适用超额行李计费标准，不纳入超件行李范围。

表1-4-5　某航空公司国际航班小动物运输收费标准

实际搬运重量（含小动物及其容器和携带的食物的重量）	收费标准			
	人民币	美元	欧元	澳元
2千克≤小动物行李≤8千克	1 380	200	190	290
8千克<小动物行李≤23千克	2 100	300	280	450
23千克<小动物行李≤32千克	3 500	500	470	740

二、体育休闲用品的运输规定

在旅行途中，部分旅客会携带高尔夫球用具（图1-4-17）等体育休闲用品。作为特殊行李，这类物品的免费行李额不同于普通托运行李，超出免费行李额部分的逾重行李费用也有特别规定。

图 1-4-17　高尔夫球用具

1. 高尔夫球用具收运规定

高尔夫球用具包括一个高尔夫球袋（含高尔夫球、球杆）和一双高尔夫球鞋。

（1）国内航班收费规定

1）收费等于 6 千克相应的逾重行李费；只有当上述物品未包括在已付票价等级的免费行李额之内时，才能按此标准收费。

2）如果包括在免费行李额内超重，则按上述特别收费标准或普通超重行李费中较低的一种收费。

3）如果高尔夫球用具未包括在普通的免费行李额内，而重量超过15千克，则超出的重量应按普通逾重行李收费，即第一个 15 千克按 6 千克逾重行李费的特别标准收费，超过 15 千克的每 1 千克都按普通逾重行李费率收费。

4）每位旅客仅限携带一套高尔夫球具使用这一特殊收费。

（2）国际航班收费规定

1）每位成人旅客可免费托运一套高尔夫球用具，用具总重量不得超过 23 千克，三边之和不得超过 158 厘米。

2）超出限额的高尔夫球具按普通逾重行李费标准收费。

2. 滑雪用具收运规定

滑雪用具（图1-4-18）包括一对滑雪板、两根滑雪杖和/或一双滑雪靴。

图 1-4-18　滑雪用具

（1）国内航班收费规定

1）每套滑雪用具的特别收费等于 3 千克相应的逾重行李费。

2）如果滑雪用具未包括在免费行李额以内，则只按上述标准收费。如果包括在免费行李额内超重，则按上述特别费率或普通超重行李费率中较低的一种收费。

3）每位旅客仅限携带一套按此收费的滑雪用具，超过此数目的滑雪用具每 1 千克都按普通逾重行李的费率收取逾重行李费。

（2）国际航班收费规定

1）每位旅客可免费托运 1 套滑雪用具。

2）用具总重量不得超过 23 千克，三边之和不得超过 203 厘米。

3）超出限额的滑雪用具按普通逾重行李费标准收费。

3. 钓鱼用具收运规定

一套钓鱼用具包括一个滑车箱、一个粗纱架（经轴架）、一双钓鱼靴、两根钓鱼竿、一副抄网。

（1）国内航班收费规定

1）一套钓鱼用具收费等于 4 千克相应的逾重行李费；只有当上述物品未包括在已付票价等级的免费行李额之内时，才能按此标准收费。

2）如果包括在免费行李额内超重，则按上述特别收费标准或普通逾重行李费中较低的一种收费。

3）超过 15 千克的钓鱼用具应按普通逾重行李费率收费。

4）每位旅客仅限携带一套钓鱼用具使用这一特殊收费。

（2）国际航班收费规定

1）可按一件 158 厘米的行李计入免费行李额内。

2）超出限额的钓鱼用具按普通逾重行李费标准收费。

4. 冲浪装备收运规定

冲浪装备见图 1-4-19。

图 1-4-19　冲浪装备

（1）国内航班收费规定

1）如果冲浪板的周长不超过 277 厘米，则按 5 千克相应的逾重行李费计收；如果冲浪板的周长超过 277 厘米，则按 8 千克相应的逾重行李费计收。

2）每位旅客只能携带一块冲浪板（风帆冲浪）享有以上收费条件，超出的冲浪板（风帆冲浪）按实际重量相应的逾重行李费计收。

（2）国际航班收费规定

1）冲浪装备作为行李运输时不计入旅客的免费行李额内。

2）冲浪板的周长不超过 300 厘米，按相应的逾重行李费标准收费。

5. 自行车收运规定

自行车可作为行李运输，并且只能放在货舱内运输，自行车的重量可计入旅客免费行李额内。一般仅承运非电动自行车，自行车托运前轮胎必须放气，在收运过程中注意以下事项。

1）非折叠式自行车应将自行车车把旋转 90°并固定，将车轮卸下，牢固绑在车身上（图 1-4-20）。

2）折叠式自行车应折叠并绑牢（图 1-4-21）。

图 1-4-20　非折叠式自行车

图 1-4-21　折叠式自行车

三、客舱占座行李的运输规定

1. 客舱占座行李的一般规定

1）每张额外机票客舱占座行李（图 1-4-22）的最大接受重量为 75 千克，没有额外免费行李额，旅客本人的免费行李额维持不变。

图 1-4-22　客舱占座行李

2）占座行李的座位不得被安排在紧急出口处，必须被安排在除紧急出口座位之外的靠窗旅客座位上。

3）计划带入客舱的占座行李，包装须符合一般行李包装要求。

4）占座行李的长、宽、高分别不得超过 100 厘米、60 厘米、40 厘米。

2. 客舱占座行李费用的计算

客舱占座行李费用按旅客所乘座位等级的单程成人全票价收取。

3. 客舱占座行李收运的操作

1）检查占座行李重量。

2）按免责行李收运该件行李。

3）为旅客及该占座行李安排座位，并在占座行李使用的登机牌上注明"CBBG"或"行李占座"。

▉　任务实施

一、任务描述

经济舱旅客李长江准备乘坐 MU5147 航班由上海前往北京。该旅客携带一条被关在宠物托运箱内的宠物狗前来办理行李托运。按照小动物运输规定，为该旅客办理宠物托运手续。

二、任务准备

1）人工值机柜台。

2）行李运输规定书面文本或电子文档。

3）特殊行李的粘贴式或拴挂式标识标牌。

4）Angel 新一代离港前端系统。

5）特殊行李样品。

三、安全及注意事项

1）在特殊行李收运过程中，必须符合安全运输要求，保证民航运输安全。

2）明确特殊行李与普通行李收运的差异，准确计算特殊行李需要额外支付的费用。

四、操作过程

序号	步骤	操作方法及说明	质量标准
1	确认小动物托运申请信息	① 确认离港系统中已有该宠物托运申请信息。 已选定旅客列表（共有1名旅客 目的站为PEK） |	姓名	C	ST	ITEM
1	李长江	B	NA	ET ICS CRS CTC F AVIH	 编号 000001 **小动物/导盲犬运输申请书** **Application for Pets/Seeing-Eye Dog Transportation** 旅客姓名 Name of Psgr. 李长江　航班号/日期 Flt No. / Date MU5147/07AUG 动物名称 Animal variety 宠物狗　航程 Sector 上海 - 北京 联运航班/日期 Connecting Flt / Date 联运承运人同意证明 Permission of successive carrier(s) 持有的旅行文件名称及编号: Certificate No.　动物检验合格证明（动物A），NO.310025931 声明：旅客应对所托运的小动物/导盲犬承担全部责任，除东航原因外，在运输中出现的小动物/导盲犬患病、受伤和死亡，东航不承担责任。如果动物在任何国家、州或属地被拒绝入境或过境，对其受伤、丢失、延误、患病或死亡，东航不承担责任。 Declaration：The passenger shall assumes full responsibility for the pets/seeingeye dog. China Eastern shall not be liable for injury to or loss, delay, sickness or death of animal in the event that it is refused entry into or passage through any country, state, or territory. 旅客本人同意 (签名) I agree (Signature)：李长江 日期(Date)：2020.8.7. 备注 Remark	准确判断该旅客的宠物符合小动物运输条件

序号	步骤	操作方法及说明	质量标准
1	确认小动物托运申请信息	② 查验小动物运输申请书及相关文件证明 **动物检疫合格证明**(动物A) No. 310025931 货主：李长江　联系电话：010-67896789 动物种类：犬　数量及单位：壹[只] 启运地点：上海 到达地点：北京 用途：宠物 承运人：中国东方航空　联系电话：95530 运载方式：航空　运载工具牌号：MU5147 运载工具消毒情况：运载前要采甲溴铵喷复溶液[益欧迪]消毒 本批动物检疫合格，点千你日内到达有效。 官方兽医签字： 签发日期：2020年8月6日 （动物卫生监督所检疫专用章） 牲畜耳标号：156000101695838 动物卫生监督检查站签章： 备注：品种：比格犬　性别：母　毛色：白 注：1.本证书一式两联，第一联动物卫生监督所留存，第二联随货同行。 2.跨省调运运输动物到达目的地后，货主或承运人应在24小时内向输入地动物卫生监督所报告。 3.动物卫生监督所联系电话：62655432	准确判断该旅客的宠物符合小动物运输条件
2	检查小动物包装情况	检查小动物的包装必须符合承运人的要求 	确保小动物不会逃逸，尿液等不会污染航空器及其他旅客行李
3	办理托运手续	① 将小动物放置到传送带上称重。 ② 在系统中正确输入小动物的件数、重量，并添加小动物备注信息。 	完成小动物收运，逾重行李收费数额正确

续表

序号	步骤	操作方法及说明	质量标准
3	办理托运手续	③ 粘贴行李易碎标签，并让旅客签署免责。 ④ 开具逾重行李收费单，按小动物运输规定收取逾重行李费用 	完成小动物收运，逾重行李收费数额正确
4	单证交接	① 保留登机牌，指引旅客付费。 ② 查看旅客付费凭证，发放登机牌 	准确核对旅客付费信息，完成票据交接

问题情境

1）旅客唐先生携带一只宠物猫，准备搭乘国航航班由北京飞往上海。由于事先未办理宠物托运申请的相关手续，工作人员表示唐先生的宠物猫不符合民航运输规定。唐先生觉得自己的宠物猫非常乖巧，自己可以将猫放在随身携带的双肩背包内，不会影响其他旅客。如何向唐先生解释并处置？

提示：按照目前国内航班运输规定，符合运输条件的小动物必须装在供氧的货舱内运输，并且必须在定座时提出，经承运人回复后方可托运。目前，在国内航空公司中，只有中国海南航空（以下简称"海航"）从2018年起尝试在部分国内直达航班经济舱允许接收由家庭驯养的狗、猫作为客舱宠物运输。

2）旅客王先生是一名大提琴演奏家，常年在各地演出，听朋友说最近航空公司出了新的规定，任何占座行李不得超过 100 厘米。这无疑是彻底拒绝了琴长 120 厘米的大提琴随主人"就座"的可能，王先生不愿意自己名贵的大提琴如同行李般被塞在飞机货舱内，要保证大提琴能够"毫发无伤"地跟随主人"四处旅行"。该如何向王先生解释并处理？

提示：按照民航局的行李体积规定，旅客带入客舱的占座行李由其自行照管，长、宽、高尺寸分别不得超过 100 厘米、60 厘米、40 厘米。但是对于乐器，承运人有另外的限制规定。例如，国航规定，当乐器作为占座行李时，含包装在内的尺寸分别不得超过 140 厘米、50 厘米、40 厘米。

考核评价

评价类别	评价内容	评价标准	分值	得分
理论知识	复述特殊行李的运输规定	准确复述特殊行李的运输规定。每条规定遗漏或复述错误的扣 5 分	20 分	
操作技能	判断行李种类	准确判断旅客行李是否属于民航运输规定的特殊行李范围，结论准确。判断正确得分，判断错误 0 分	5 分	
	查验行李	准确判断行李收运是否需要提前申请。判断正确得分，判断错误 0 分	10 分	
		通过检查行李外包装，准确判断是否符合行李收运要求。判断正确得分，判断错误 0 分	10 分	
	接收行李	选择合适的行李标贴并在适当位置拴挂。行李标贴选择错误或拴挂错误扣 10 分	10 分	
		在离港系统中输入旅客所托运的行李件数和重量，打印行李牌。信息输入准确且完成行李牌打印，则得分，反之 0 分	10 分	
	填制逾重行李收费单	按照行李情况，准确计算逾重行李费用，填写逾重行李收费单。每项信息填写错误或遗漏扣 10 分	20 分	
	交接	与旅客完成票证交接。完成交接得分，反之 0 分	5 分	
职业素养	规范操作的服务意识	在特殊行李接收的过程中，操作规范，流程无疏漏得分	10 分	

拓展训练

旅客张先生乘坐国航的航班到达目的地后，托运的一只蝴蝶犬从货舱中跑出来，冲上了飞机停机坪。为确保飞行安全，蝴蝶犬最终被机场工作人员击毙。航空公司相关负责人表示，可能是因为小动物托运箱与其他东西碰撞或飞机因颠簸等使托运箱门被打开导致小动物逃脱。请查阅国航官网关于小动物托运包装的内容，说明在小动物收运过程中如何避免类似事情发生。

工作任务五 关 闭 航 班

职业能力一 按照顺序接收候补旅客和正确处理晚到旅客

核心概念

候补旅客是指在机场自愿等候空余座位乘机的旅客。

晚到旅客是指已购机票并订妥航班座位，但未在规定时间截止前到达值机柜台（或自助值机设备）办理乘机登记的旅客。

学习目标

1. 准确复述候补旅客的范围和接收规则。
2. 准确复述晚到旅客的定义和处理规定。
3. 按规定处理候补旅客。
4. 按规定处理晚到旅客。
5. 在处理候补旅客和晚到旅客的过程中，关注旅客需求，积极主动地为旅客服务，体现民航真情服务的理念。

相关知识

一、候补旅客

1. 候补旅客的范围

1）未购买客票的旅客。

2）旅客所购客票无订座记录、订座记录中未显示订妥座位或订座记录已被取消。

3）持非本航班客票的旅客。

4）持本公司职员免票的旅客。

2. 候补旅客接收规则

1）应在保证航班正点的前提下，接收候补旅客。

2）应根据航班空余座位（吨位）及候补旅客数量等情况制定预案，必要时列出旅客候补名单，提前查验旅客的身份证件及有无托运行李。

3）对于有托运行李的旅客，在确定可以接收的情况下，可以提前办理行李托运手续，也可以在征得旅客同意的情况下，按免除责任的迟运行李办理。

3. 候补旅客接收时间规定

接收候补旅客的时间一般在航班起飞前 45 分钟至航班起飞前 30 分钟。不同机场环境（如值机大厅与登机口距离）和各航空公司的规定不同，候补旅客的时间也各有不同。

4. 候补旅客优先等级排序

1）重要旅客。

2）重要公务或商务旅客。

3）持以销售运价购得机票的常客会员旅客。

4）持以销售运价购得机票的普通旅客。

5）持有本航班 OK 客票，但无订座记录或订座记录已被取消或订座记录中未显示订妥座位的联程或回程旅客。

6）有特别困难，急于成行的旅客。

7）因航空公司原因而未能搭乘前一航班或本航班座位被取消的旅客。

8）持以常客会员里程累积获赠机票的旅客。

9）持本公司宾客及公务优惠票的旅客。

10）持航空公司及行业内部折扣机票的旅客（按舱位等级及运价折扣率先后顺序）。

二、晚到旅客

1. 晚到旅客的定义

晚到旅客是指已购机票并订妥航班座位但未在规定时间截止前到达值机柜台（或自助值机设备）办理乘机登记的旅客。

2. 晚到旅客的处理规定

1）在航班有空余座位和保证航班正点的前提下，可为晚到旅客办理乘机登记。

2）如果因条件和时间限制晚到旅客未能成行，则按旅客误机处理。

■ 任务实施

一、任务描述

1）旅客刘向阳接到公司的紧急通知，需要在 2021 年 12 月 22 日上午由上海前往南昌开会。由于当天上午唯一一班上海前往南昌的航班 FM9245 已经没有空座，该旅客购买了该航班的候补票。请接待并处理该候补旅客。

2）旅客刘向阳准备乘坐 2021 年 12 月 22 日早上 7 点 15 分的 FM9245 航班前往南昌出差。由于在赶往虹桥机场的路上车辆抛锚，他到达值机柜台时，已经 6 点 38 分。请接待并处理该晚到旅客。

二、任务准备

1）Angel 新一代离港前端系统。

2）人工值机柜台。

三、安全及注意事项

1）接收候补旅客和晚到旅客时，在有限的时间内，应按照规定，严格查验旅客身份证件的有效性。

2）对于晚到旅客的托运行李，要按照迟运行李处理，并及时告知旅客该信息。

四、操作过程

1. 任务一

序号	步骤	操作方法及说明	质量标准
1	优先办理晚到旅客	航班初始关闭前 5~10 分钟，广播召集尚未办理手续的旅客前往指定柜台优先办理乘机手续。 广播范本： 乘坐东方航空公司＿＿＿＿航班前往＿＿＿＿的旅客请注意，本航班的乘机手续即将关闭。请还未办理乘机手续的旅客直接前往＿＿＿号柜台，谢谢 Ladies and gentlemen, may I have your attention please. Check-in for China Eastern Airlines Flight＿＿＿＿to＿＿＿＿will be closed in a few minutes. Passengers who have not checked-in are kindly requested to proceed to the counter No.＿＿＿＿immediately. Thank you 	保证晚到旅客及时办理乘机登记手续
2	判断是否候补旅客接收	① 若该航班旅客在航班关闭之前，全部按时办理了乘机登记，告知候补旅客候补不成功。 ② 若航班关闭时，有旅客未办理乘机登记，根据座位剩余情况，在值班主任柜台，按照本航班候补旅客名单上的顺序和优先等级接收候补旅客。 ③ 通过柜台区域广播通知候补旅客办理有关手续。 广播范本： 女士们、先生们：请候补＿＿＿＿航空公司＿＿＿＿航班的旅客前往＿＿＿号办票柜台，谢谢。 Ladies and gentlemen, anyone who is stand-by on＿＿＿Airlines flight＿＿＿, please proceed to counter No.＿＿＿. Thank you.	按照航班不同的情况，准确判断并接收候补旅客

续表

序号	步骤	操作方法及说明	质量标准
3	为无订座记录的候补旅客办理乘机登记	通过添加 URES 旅客的方式,在 Angel 新一代离港前端系统中为没有订座信息的(候补)旅客办理值机 	完成候补旅客乘机登记办理

2. 任务二

序号	步骤	操作方法及说明	质量标准
1	优先办理晚到旅客	航班初始关闭前 5~10 分钟,广播召集尚未办理手续的旅客前往指定柜台优先办理乘机手续 	保证晚到旅客及时办理乘机登记手续
2	处理晚到旅客	① 若航班初始关闭后才出现晚到旅客,在有空余座位的情况下须同时通知(如载重平衡及生产调度等)有关调度控制部门并重新开放航班为其办理乘机手续。如果旅客有交运行李,则按免除责任的迟运行李办理并通知行李装载部门。 ② 若航班已经关闭,无法为晚到旅客办理乘机登记时,工作人员记录好旅客到达柜台时间,并指引旅客前往售票柜台办理航班变更手续	按照旅客晚到的不同情况,准确处理晚到旅客

问题情境

1)某日 A 地前往 B 地的航班上,根据销售部门发布的信息,该航班共有无成人陪伴儿童 5 名,执行航班的机型最多可以承运无成人陪伴儿童 5 名。在办理乘机登记时,工作人员的一位朋友带着一名 8 岁儿童来到值机柜台申请无成人陪伴儿童服务。如何向旅客解释并处置?

提示:若系统中显示该儿童的类别代码为 UM 而不是 CHD 时,才可以为旅客办理乘机登记。若代码为 CHD,则不应为旅客办理乘机登记,告知旅客关于无成人陪伴儿童的相关规定，并且进行候补。在航班结载时，若无成人陪伴儿童人数未达到机型的限制，可以为旅客临时申请和办理无成人陪伴儿童乘机登记。

2）旅客唐先生向浦东机场工作人员投诉，由于自助值机设备故障，自己去昆明的登机牌迟迟打不出来，结果再赶到人工柜台办理乘机登记手续时，却被告知晚到 10 分钟，航班已经关闭，无法办理。如何向唐先生解释并处置？

提示：一般情况下，旅客自助值机截止时间早于人工值机柜台关闭时间。以广州机场为例，人工值机柜台在航班起飞前 45 分钟停止办理登机牌，自助值机设备则提前 50 分钟就停办登机牌了。因此，旅客在自助值机设备上无法打印登机牌，有可能是本身已经晚到，航班已经关闭。可以建议旅客办理航班退改签业务。

考核评价

评价类别	评价内容	评价标准	分值	得分
理论知识	复述候补旅客的范围和接收规定	准确复述候补旅客的范围和接收规定。每处遗漏或复述错误扣 3 分	15 分	
	复述晚到旅客的定义和处理规定	准确复述晚到旅客的定义和处理规定。每处遗漏或复述错误扣 2 分	5 分	
操作技能	召集未办理手续的旅客优先办理乘机手续	运用合理的方式召集未办理手续的旅客优先办理乘机手续，效果明显。及时完成旅客乘机手续办理得分，未完成 0 分	10 分	
	接收候补旅客	按照相关规定为候补旅客办理值机手续，步骤准确，岗位用语规范。每项步骤错误或遗漏扣 10 分，每句岗位用语不规范扣 10 分	20 分	
		熟练操作离港系统的候补旅客操作指令。每步操作错误或遗漏扣 10 分	20 分	
	处理晚到旅客	按照航班实际情况，接收晚到旅客或为晚到旅客办理航班变更手续。完成旅客航班变更手续得分，未完成 0 分	20 分	
职业素养	民航真情服务的理念	在处理候补旅客和晚到旅客的过程中，有关注旅客需求、积极主动地为旅客服务行为的得分	10 分	

拓展训练

旅客张先生一行共 5 人，准备乘坐 2021 年 12 月 25 日早上 8 点 15 分的上海航空 FM9453 航班前往云南昆明进行商务活动，由于前往机场的路上发生车祸，一行人带着 3 件需要托运的行李赶到虹桥机场时，离航班关闭仅剩 2 分钟。根据所学的知识，向张先生一行人提出建议，在这种情况下，如何保证当天下午的商务活动不受影响？

职业能力二　按规定时间复核已接收旅客和
行李数据并关闭航班

▣ 核心概念

对于国内旅客运输量千万级的机场，国内航班值机关闭时间大多为航班起飞前 40 分钟或 45 分钟，国际航班值机关闭时间大多为航班起飞前 60 分钟，如上海浦东、虹桥两大机场国内航班值机关闭时间为航班起飞前 40 分钟，国际航班值机关闭时间为航班起飞前 60 分钟。大多数国内支线机场的航班值机关闭时间多为航班起飞前 30 分钟。

▣ 学习目标

1. 准确复述航班关闭时间的规定。
2. 完整复述航班关闭后需要完成的工作内容。
3. 准确复述航班关闭的操作流程。
4. 对开放的航班正确进行航班关闭操作。
5. 准确统计航班旅客情况，并与离港系统中的数据进行核对。
6. 在航班关闭过程中，不遗漏任何数据和业务文件，培养严谨细致的工作态度。

▣ 相关知识

一、与航班关闭时间相关联的规定

1. 起飞时间

根据民航发〔2013〕88 号文件《民航航班正常统计办法》规定，航班实际离港时间为机组得到空管部门推出或开车许可后，地面机务人员实施撤去航空器最后一个轮档的时间。

2. 航班延误的判定

航班延误的判定是指在班期时刻表公布的离站时间后 15 分钟（北京、浦东、广州及境外机场 30 分钟；虹桥、深圳机场 25 分钟；成都、昆明机场 20 分钟）以上不能正常起飞，或者在班期时刻表公布的到达时间 10 分钟之后未落地的航班。

二、航班值机关闭前后须完成的工作

停止办理乘机登记手续到关机门之间，机场工作人员有以下工作要做。

1）值机、配载人员要结算旅客人数、行李件数，结合货物装运情况计算飞机载重，制作载重平衡表并送交机组签字。飞机的载重平衡及重心位置是否符合要求将涉及航班的飞行安全。

2）要将旅客托运的行李核对清楚后装运到飞机上。

3）要对办完乘机手续的旅客进行安全检查。

4）广播通知旅客到指定登机口检票，并引导旅客登机。如果登机旅客须使用摆渡车运送，则耗时要更长。

5）清点机上旅客人数并与地面检票情况进行核对，保证没有差错。

6）编制所需随机业务文件。随机业务文件是指机组随航班携带必要文件，主要有：国际航班所需的总申报单、旅客舱单、货运单、货运舱单、邮件路单、载重平衡图，其他与旅客、货物运输相关的业务文件。

三、航班关闭的操作流程

1. 初始关闭航班

1）航班办理结束或到了结载时间后，工作人员在 Angel 新一代离港前端系统中按 Shift+F5 组合键打开航班操作界面进行航班结载（图 1-5-1）。填写将结载的航班号，单击"CI 关闭"按钮，系统弹出消息框。

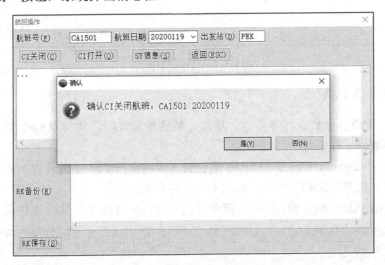

图 1-5-1　航班结载选择窗口

2）单击"是"按钮，系统自动执行 CI 指令，如果初始关闭成功，则系统显示航班关闭"ACCEPTED"（图 1-5-2）。

图 1-5-2　执行航班结载操作

3）可以按 Shift+F5 组合键打开航班操作界面，填写已结载航班号（图 1-5-3），单击"SY 信息"按钮，系统将会显示航班状态已由原来的"OP"状态改为"CI"状态。

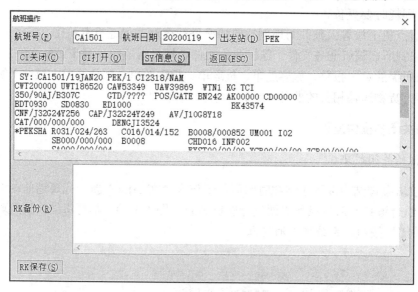

图 1-5-3　航班结载操作

2. 核对相关数据

1）统计乘机联张数、行李件数、重量、特殊旅客情况，并与 Angel 新一代离港前端系统中的数据进行核对。

2）通过按 Ctrl+1、Ctrl+2、Ctrl+3 组合键（或连续按 Ctrl+1 组合键）来切换查看已值机（ACC）旅客列表和未值机（NACC）旅客列表。

3）按 Ctrl+Alt+F 组合键，值机员查看自己办理该航班的工作量统计数据（图 1-5-4）。

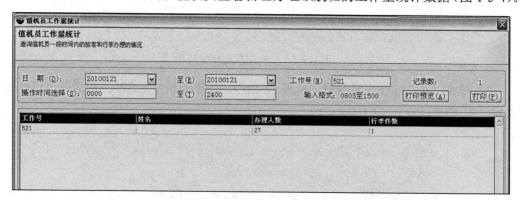

图 1-5-4　航班办理结束后的统计信息

4）在航班关闭后如果发现有已办理乘机手续但不能成行的旅客或过境旅客人数与预报人数不符时，要查明情况并调整相关旅客人数和行李件数/重量等数据。

3．退出系统登录

航班办理结束后，在 Angel 新一代离港前端系统的主菜单（Alt+M 组合键）中选择"退出"选项（图 1-5-5），或者直接按 Ctrl+Shift+F12 组合键退出，使系统重新回到登录状态。

插入产品导航	Ctrl+I
产品导航	Shift+F12
重置布局	
自定义	>
自由指令	F10
连接ETERM	Ctrl+Shift+F8
显示ETERM	Ctrl+Shift+F9
隐藏ETERM	Ctrl+Shift+F10
修改密码	
修改AGENT信息	
SI主机	Shift+F9
SO主机	Shift+F10
ETERM信息	
动态消息视图	
浮动消息窗口	Ctrl+M
语言	>
退出	Ctrl+Shift+F12

图 1-5-5　主菜单

▣ 任务实施

一、任务描述

为 MU5147 航班复核相关数据并关闭该航班。

二、任务准备

1）Angel 新一代离港前端系统。
2）人工值机柜台。

三、安全及注意事项

1）在单据汇总过程中，需要认真细致，防止出现差错，保证后续服务质量。
2）关闭航班后，退出登录工号，严格遵循空防安全，保证工号不被盗用。

四、操作过程

序号	步骤	操作方法及说明	质量标准
1	初始关闭航班	在 Angel 新一代离港前端系统中单击"CI 关闭"按钮，初始关闭航班 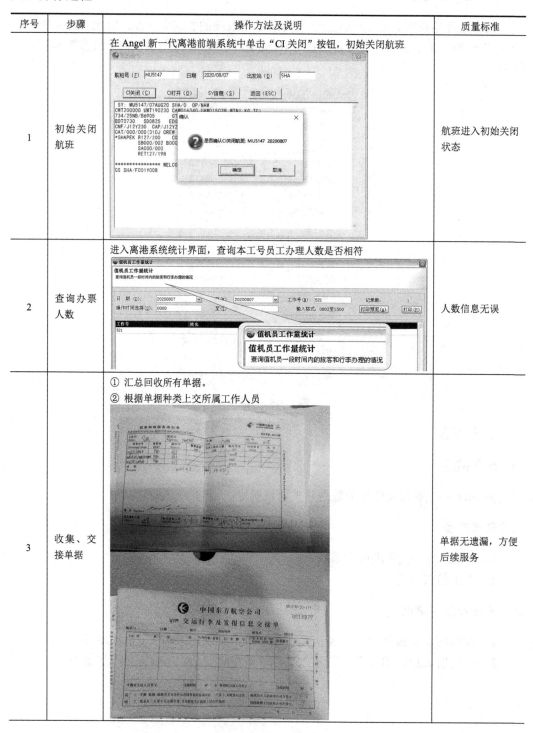	航班进入初始关闭状态
2	查询办票人数	进入离港系统统计界面，查询本工号员工办理人数是否相符	人数信息无误
3	收集、交接单据	① 汇总回收所有单据。 ② 根据单据种类上交所属工作人员	单据无遗漏，方便后续服务

续表

序号	步骤	操作方法及说明	质量标准
4	退出离港系统	退出登录工号，系统返回产品导航界面 	保证工号不被冒用
5	整理柜台	① 回收空白登机牌、行李卷及业务用品。 ② 将所有废弃业务用品销毁后丢至垃圾桶 	严格遵守空防安全要求

问题情境

　　某日航班情况正常，旅客李先生因自身原因迟到，航班起飞前 20 分钟来到值机柜台办理手续时航班已经关闭，仍然坚持要求乘机，该如何处置？

　　提示：增加一名旅客登机看似简单操作，但是专业工作人员要明白航班关闭后还需要完成大量的数据统计等工作，为了航班安全和准点，合理安排该晚到旅客，及时处理、解决旅客的特殊困难。在处置过程中，不要将旅客的不了解视作蓄意、无理的挑衅，必须进一步站在旅客的角度上考虑问题，想旅客所想、急旅客所急。

考核评价

评价类别	评价内容	评价标准	分值	得分
理论知识	复述航班关闭后需要完成的工作内容	准确复述航班关闭后需要完成的工作内容得分。每处遗漏或复述错误扣4分	20 分	

续表

评价类别	评价内容	评价标准	分值	得分
操作技能	初始关闭航班	熟练运用指令对航班进行初始关闭。完成航班关闭得分，反之 0 分	10 分	
	统计与核对航班数据	准确统计旅客情况，并与离港系统中的数据进行核对。每项数据信息核对错误或遗漏扣 10 分	30 分	
		熟练运用离港系统的数据查询操作指令。完成数据查询得分，未能调阅数据信息 0 分	10 分	
	编制航班相关随机文件	正确编制旅客特殊服务通知单、免责声明书、高舱位旅客名单等随机文件。每类随机文件编制遗漏扣 10 分	20 分	
职业素养	严谨细致的工作态度	在航班关闭过程中，不遗漏任何数据和业务文件的得分	10 分	

▣ 拓展训练

　　在 Angel 新一代离港前端系统中执行航班初始关闭操作，统计航班相关生产数据，最后退出离港系统。请将上述操作过程用手机拍摄下来，上传给教师。

工作领域二　旅客离港和进港服务

　　旅客服务部门主要负责旅客的抵离港工作，同时还会遇到不正常航班处理等情况。在本工作领域中，你将按照旅客离港服务岗位和进港服务岗位工作内容，具体完成服务登机口旅客、服务登机口不正常航班等典型工作任务，结合1+X民航旅客地面服务职业技能等级标准中初级和中级部分要求，掌握旅客服务的相关技能要求与知识。

工作任务一　服务登机口旅客

职业能力一　操作登机控制系统，完成登机口旅客登机服务准备工作

核心概念

登机口旅客登机服务准备工作包括了解航班动态、了解旅客预报数据及特殊旅客信息、检查航班业务用品、检查手持设备完好状况、检查登机口航显运行状况和开启并登录登机口登机控制系统，如远机位登机，还须为远机位旅客确认摆渡车安排。

学习目标

1. 准确复述登机服务准备工作要求。
2. 通过航班动态信息系统了解航班动态。
3. 完成登机口旅客登机服务准备工作。
4. 在旅客登机服务准备工作过程中，注重服务细节，养成严谨细致的工作态度，保证旅客正常登机。

相关知识

一、登机服务准备工作要求

1）登机口操作人员根据排班调度部门的统一排班或临时任务指派配备工作人员。每个航班的登机口操作人员通常配置4～5人，一般可按以下职责进行分工。

① 登机口的广播。根据登机服务程序在登机前、登机中及登机截止时的广播通知。

② 登机旅客的引导。引导和维护登机次序，及时发现并协助需要帮助的旅客。

③ 超规行李的拦截。在发现旅客携带超规行李时，做好旅客的解释工作并为其办理登机口行李托运手续。

④ 登机牌的查验。核对并扫描旅客登机牌或登机凭证，如果旅客手持纸质登机牌或登机凭证，则撕取其中的相应副联后将正联交还给旅客。

⑤ 登机牌的复验。在廊桥口或飞机下复验登机牌或登记凭证，撕取其中的相应副联后将正联交还给旅客保存。统计登机牌副联，核对登机旅客人数。

2）根据排班，工作人员须在航班计划起飞前60分钟了解该航班的相关动态，包括旅客预报人数、飞机到位准备情况、特殊旅客信息、过站旅客预报和实际人数，以及其他相关信息等。

3）在航班计划起飞前 50 分钟到达登机口（不同航线/航班略有不同）。

4）在所有工作人员到达某个集中点（如航班准备室或登机口）后，航班负责人召集当班登机口操作准备会，传达相关业务要求和规定，通报航班相关情况及注意事项。

二、人脸识别智能化登机系统

人脸识别是基于人的脸部特征信息进行身份识别的一种生物识别技术，用摄像机或摄像头采集含有人脸的图像或视频流，并自动检测和跟踪人脸，进而对检测到的人脸进行脸部的一系列技术识别，从而实现快速身份认证。

使用人脸识别智能化登机系统，旅客可在乘机前下载最新版航空公司官方 App，并按照要求上传个人头像。旅客在到达机场办理完值机手续后，持有效证件和登机牌通过安检。在安检环节，该系统使用人脸识别技术，对比分析旅客头像照片、证件照片、实时照片是否为同一人，辅助安检人员对旅客的身份进行甄别（图 2-1-1）。

图 2-1-1　旅客正通过刷脸登机

当旅客通过安检到达登机口，经过自助闸机面对摄像头时，无须持证件和登机牌，人脸识别系统连接摄像头，与旅客名单自动进行人脸匹配。匹配成功的旅客即可快速过闸机登机。

任务实施

一、任务描述

根据航空公司工作安排，在上海站做好 2023 年 8 月 7 日的 MU5147 航班由上海前往北京的登机口旅客登机服务准备工作。

二、任务准备

1）登机口工作柜台。

2）航班信息系统。

3）登机控制系统登机口终端机。

4）航班业务用品。

三、安全及注意事项

1）能及时做好设备检查工作，保证旅客顺利登机。

2）在登机口进行准备工作中，面对前来询问有关航班登机问题的旅客，工作人员应热情地为旅客提供问询服务，耐心地解答旅客提出的各种问题。

四、操作过程

序号	步骤	操作方法及说明	质量标准
1	了解航班有关动态信息	在现场保障系统中查询航班起飞时间、桥位、机号、登机口。该航班目前预报起飞时间为 8:25 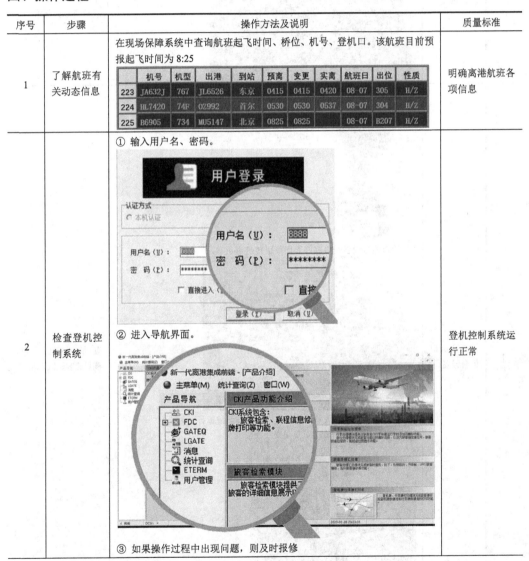	明确离港航班各项信息

表格内容（序号1步骤）：

	机号	机型	出港	到站	预离	变更	实离	航班日	出位	性质
223	JA632J	767	JL6526	东京	0415	0415	0420	08-07	305	H/Z
224	HL7420	74F	OZ992	首尔	0530	0530	0537	08-07	304	H/Z
225	B6905	734	MU5147	北京	0825	0825		08-07	B207	H/Z

序号	步骤	操作方法及说明	质量标准
2	检查登机控制系统	① 输入用户名、密码。 ② 进入导航界面。 ③ 如果操作过程中出现问题，则及时报修	登机控制系统运行正常

序号	步骤	操作方法及说明	质量标准
3	检查登机口航显设备	① 检查登机口航显运作是否正常。 ② 核对显示牌上的显示信息是否与预报相符 	登机口航显信息显示正确，满足旅客登机信息掌握需求
4	检查登机口柜台设备	① 检查登机牌扫描仪，观察指示灯是否正常。 ② 检查柜台设备是否完好无损及运转是否正常。 ③ 如果使用登机口人脸识别系统，则检查系统运行是否正常 	登机口设备运行正常，满足旅客登机要求

问题情境

在临近登机口开放时，突然发现登机控制系统死机，重新开启后仍然无法正常登录，该如何处置？

提示：如果在设备检查过程中发现自己无法处理的故障，可以向相关部门报修。如果设备在登机口即将开放上客时突然出现异常，在报修的同时，要做好系统无法使用，手工验牌的准备工作。

考核评价

评价类别	评价内容	评价标准	分值	得分
理论知识	复述登机服务准备工作要求	准确复述登机服务准备工作要求和内容得分。每处遗漏或复述错误扣5分	20分	
操作技能	了解航班有关动态信息	正确获得航班信息。掌握航班信息得分，反之0分	10分	
	检查登机控制系统	正常登录登机控制系统。完成登录得分，反之0分	20分	
	检查登机口航显设备	保证航显正常运行。航显运行正常得分，反之0分	10分	
	检查登机口柜台设备	保证登机口柜台设备正常，保障旅客顺利登机。每类设备不能正常工作扣10分	30分	
职业素养	严谨细致的工作态度	在旅客登机服务准备工作过程中，准备工作不遗漏得分	10分	

拓展训练

在临近登机口开放时，突然发现人脸识别系统出现故障，重新开启后仍然无法正常启用，此时，航班即将上客，旅客已经在登机口排起了长队。为了保障旅客顺利出行，运用所学知识，简述可以采取哪些措施。

职业能力二　正确使用中、英文进行登机口广播

核心概念

正常航班的登机口广播按照时间节点，分为登机前广播、登机广播和最后登机催促广播。

学习目标

1. 准确阐述登机口广播服务的基本内容和时间节点。
2. 准确复述登机口广播服务的规范要求。
3. 准确复述登机前广播词、登机广播词和最后登机催促广播词。

4. 同时使用中、英文进行登机广播，发音标准、吐字清晰、语速适中。

5. 在使用中、英文进行登机广播过程中，不错报漏报，培养严谨细致的工作态度。

相关知识

一、登机口广播服务的基本内容

1）向旅客问候、致辞。

2）宣传登机注意事项等旅客须知。

3）通知航班（正常进港、离港或不正常等）动态信息。

4）通知登机时间和登机优先顺序。

5）广播寻人、寻物等其他旅客需要帮助的事宜。

二、登机口广播服务的时间节点

1）在航班预计起飞前 40 分钟，广播通知登机。

2）航班预计起飞前 20 分钟内登机口点名催促未出现旅客登机。

3）点名催促未出现旅客登机的广播次数一般不超过 3 次，时间间隔为 5 分钟。

三、登机口广播服务的规范要求

1）广播必须发音标准、吐字清晰、语速适中。

2）广播时应注意措辞、语气语调。

3）广播内容必须简洁、明了、准确，无歧义。

4）严禁出现广告、低俗、反动、不健康及任何影响和谐的内容。

5）严禁在广播播出时伴有聊天、打闹、说笑等杂音出现。

6）各类广播词可参照登机口广播词样本。

四、登机口广播词样本

1. 登机前广播词（登机前 15 分钟）

（1）中文广播词格式

女士们，先生们，早上好/下午好/晚上好，本航班尚未登机，请保持原位等待。为防止客舱内拥堵，_____航空公司_____（代码共享航班_____）从_____前往_____的航班将实行按序登机，请各位留意我们的正式登机广播。

（2）英文广播词格式

Good morning/afternoon/evening, ladies and gentlemen, please remain seated. _____ Airlines Flight _____(Code-share Flight _____)bound for_____ will board the passengers in sequence in order to avoid cabin congestion.

2. 登机广播词（登机前 5 分钟）

（1）中文广播词格式

女士们，先生们，早上好/下午好/晚上好，请保持原位等待。_____航空公司_____

（代码共享航班_____）从_____前往_____的航班预计于_____分钟后开始登机，本航班将按下列顺序登机：

首先我们将邀请携带婴儿、儿童及需要特殊帮助的旅客登机。白金卡旅客、头等舱、公务舱旅客可随时登机。

接着请超级经济舱旅客登机。

接下来请经济舱座位排号在第_____至第_____排的旅客登机。

然后是经济舱座位排号在第_____至第_____排的旅客登机。

最后邀请所有旅客登机。

请携带超大超规行李的旅客配合工作人员办理登机口行李托运手续。谢谢您的配合！

（2）英文广播词格式

Good morning/afternoon/evening, ladies and gentlemen, please remain seated. _____ Airlines Flight _____(Code-share Flight _____)bound for_____ will start boarding in about_____ minutes. We will board the passengers in sequence which is as follows:

First, we will board passengers traveling with infants and young children and passengers needing special assistance. Platinum card members, first and business class passengers may board the aircraft at your convenience.

Secondly, we will board premium economy class passengers.

Thirdly, we will board Economy Class passengers seated from rows _____ to _____.

Fourthly, we will board Economy Class passengers seated from rows _____ to _____.

Finally, we invite all the remaining passengers to board.

The oversized baggage needs check-in at the boarding gate. Thank you for your cooperation.

3. 最后登机催促广播词（航班起飞前 20 分钟）

（1）中文广播词格式

前往_____的旅客请注意，您乘坐的_____航班很快就要起飞了，请您抓紧时间携带好随身行李物品，出示登机牌，由_____号登机口上飞机。祝您旅途愉快。谢谢！

（2）英文广播词格式

Ladies and gentlemen, may I have your attention please? Flight to _____ will take off soon. Please be quick to board the aircraft through gate No._____. We wish you have a pleasant journey. Thank you.

▢ 任务实施

一、任务描述

根据航空公司工作安排，在上海站做好 2020 年 8 月 7 日的 MU5147 航班由上海前往北京的登机口旅客登机口广播工作。该航班预计离港时间 8:25，7:30 登机口开放。在旅客登机过程中，工作人员发现李长江旅客直至航班起飞前 10 分钟还未登机。按照该航班情况，进行登机口广播。

二、任务准备

1）登机口广播系统用户端。
2）不同语种的登机口广播词样本。

三、安全及注意事项

1）严禁出现与业务无关、不健康及有负面影响力的内容。
2）能准确选用规范的广播词进行广播，注意发音标准、吐字清晰、语速适中。

四、操作过程

序号	步骤	操作方法及说明	质量标准
1	登机前广播	登机前 15 分钟，在登机口进行登机前广播。 女士们，先生们，早上好： 　　上海航空公司前往北京的 MU5147 航班将于 15 分钟后开始登机。登机前请保持原位。请您注意登机牌上的座位号，我们将按座位顺序，从后舱往前舱依次登机。我们将于 15 分钟后邀请携带婴儿、小孩的旅客及轮椅旅客优先由 B207 号登机口登机。 　　祝您旅途愉快！感谢您的配合	广播词信息准确，发音标准、吐字清晰、语速适中
2	登机广播	登机前 5 分钟，在登机口进行登机广播。 女士们，先生们，早上好： 　　前往北京的 MU5147 航班，现在开始登机了。 　　为了您的方便，我们将按座位排数号码次序登机，请未报到座位排数号的旅客继续留在原座。怀抱婴儿或带有 4 岁以下儿童的旅客请优先登机。 　　请座位号码位于 50～59 排的旅客登机。 　　请座位号码位于 40～49 排的旅客登机。 　　请所有旅客登机。 　　请带好您的随身物品，出示您的登机牌，由 B207 号登机口登机。 　　感谢您乘坐中国东方航空公司的航班	广播词信息准确，发音标准、吐字清晰、语速适中
3	最后登机催促广播	① 在航班起飞前 20 分钟可直接广播航班号、未登机旅客姓名、登机口号，进行第一次催促登机广播。 ② 如果进行第一次催促登机广播后，还有旅客未登机，则在航班起飞前 15 分钟进行第二次催促登机广播。 ③ 如果进行第二次催促登机广播后，还有旅客未登机，则在航班起飞前 10 分钟进行第三次催促登机广播。 各位旅客请注意： 　　正在候机楼里的旅客李长江，请您听到广播后，立即由 B207 号登机口登机。 　　谢谢	广播词信息准确，发音标准、吐字清晰、语速适中

📋 问题情境

　　旅客张先生办理完 16 时 30 分航班的值机手续后就去了商场，在航班登机前，航空公司临时更改了登机口。由于张先生没有听到更改登机口的广播通知，等到发现更改登机口然后到达更改后的登机口时，飞机已经关舱门正准备滑行。地面服务部门应如何避免类似情况发生？

　　提示：类似旅客在登机口因各种原因没有听到有关登机口广播通知而误机的情况时有发生。地面服务部门在日常工作中要做好以下几点。

　　1）登机口广播服务必须符合规范要求，发音标准、吐字清晰、语速适中，保证广播的有效性。

　　2）登机口广播一般是分区域广播，必要时应通过机场广播室进行全区域广播。

　　3）航班开始登机后须密切注意以下范围内还未登机的旅客：

　　① 可能正在通过安检的晚到旅客。

　　② 可能滞留在快餐店、咖啡厅等场所的旅客。

　　③ 可能在候机区域闭目休息的旅客。

　　④ 可能需要特殊服务（如听障、行动不便等）的旅客。

　　4）根据登机控制系统旅客预留的联系电话，直接电话通知旅客登机。

考核评价

评价类别	评价内容	评价标准	分值	得分
理论知识	复述登机口广播服务的基本内容和时间节点	准确复述登机口广播服务的基本内容和时间节点得分。遗漏或复述错误的每处扣4分	20分	
操作技能	广播词选取	根据登机口服务的不同时间段，广播词内容选取正确得分，选取错误0分	10分	
	广播词播报质量	广播清晰，语速中等，能满足区域内旅客对登机信息的了解需求。广播语音语调语速适合得20分，每个中文词组发音错误扣10分，每个英文单词发音错误扣10分	60分	
职业素养	严谨细致的工作态度	在使用中、英文进行登机口广播过程中，无错报、漏报的得分	10分	

拓展训练

　　MU5409航班由上海虹桥机场飞往成都双流机场，预报登机时间为11点30分，登机口为52号。按照该航班信息朗读中英文登机前广播和登机广播，使用手机录音并上传给教师。在广播过程中，注意发音标准、吐字清晰、语速适中。

职业能力三　提供离港航班旅客的登机服务

核心概念

　　旅客登机口登机服务是工作人员在旅客登机前，维持登机秩序，查询超规行李；旅客登机时查验和扫描旅客登机牌，撕取登机牌副联；旅客登机后复核旅客人数并上报的一系列服务工作的总称。

学习目标

1. 准确复述登机操作的流程。
2. 准确判断并拦截旅客的超规行李。
3. 准确复述旅客登机的秩序规定。
4. 使用 Angel 新一代离港前端系统本地登机模块为旅客快速办理登机手续。
5. 在为旅客提供登机服务的过程中，严格检查旅客登机信息，注重空防安全意识。

相关知识

一、登机操作的流程

1. 维持登机秩序，查询超规行李

1）旅客登机前，在登机口周边区域巡视，若发现老弱病残孕或携带婴儿的旅客，则安排优先登机。

2）若发现未按照登机秩序排队的旅客，则劝说其按序等候登机。

3）若发现旅客携带超规行李，则及时拦截并要求其办理行李托运。

2. 登机控制系统的开启航班和验牌准备

（1）开启航班

在登机主界面上按F1键后进入航班列表，采用上下键选择航班开启新的航班（图2-1-2），也可以手工输入航班号开启新的航班。

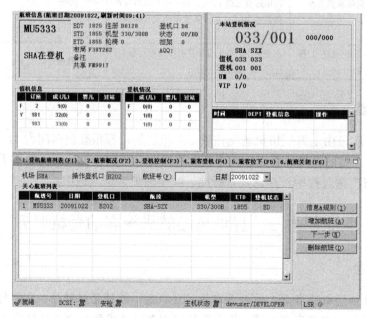

图 2-1-2　开启航班

（2）查询旅客信息

开启办理航班后，系统默认进入未登机旅客列表模式（包含被拉下的旅客将进行重新办理），可以进行旅客的登机操作（图2-1-3）。选中某位旅客后，可以看到旅客姓名、状态、登机号、座位号、进港联乘、出港联乘、共享航班、行李件数、特殊服务等旅客的详细信息（图2-1-4）。

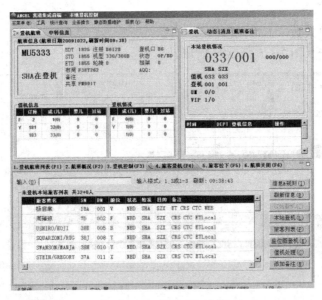

图 2-1-3　未登机旅客操作界面

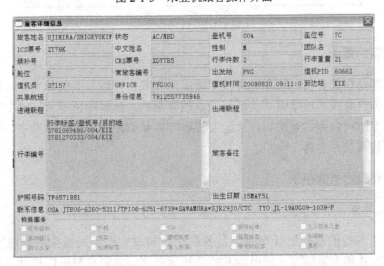

图 2-1-4　未登机旅客详细信息

3. 扫描撕牌

1）查验旅客登机牌上的航班号、日期正确，安检章清晰。

2）扫描登机牌上的二维码，撕取登机牌副联留存。

4. 查找未登机旅客

1）根据未登机旅客列表中所显示的信息，进行广播找人。
2）若旅客在登机口关闭时间未到达登机口，则按照规定进行减客处理。

5. 结束登机

1）复核登机人数，上报减客信息。
2）退出系统（图 2-1-5），关闭航班。

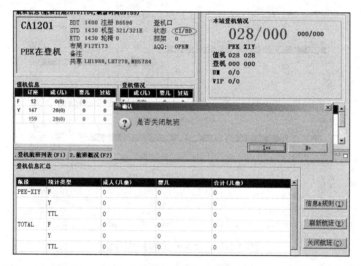

图 2-1-5　关闭航班

二、零分减客的概念

零分减客是指已登机、已办理乘机手续或已在候机区域等候的始发、中转和经停旅客，由于旅客自身或其他原因（航班延误、放弃乘机、强制滞留等）临时中断旅行，或者无法在规定时间内到达登机口，承运人将该旅客从航班登机名单中减去，并将该旅客已经交运和装载的行李卸下飞机。

三、登机口超规行李的范围

1. 超大超重行李拦截范围

允许带入客舱的非托运行李要满足各航空公司规定的不同舱位等级旅客所携带的行李件数、尺寸和重量标准。超出标准的非托运行李，需要在登机口拦截，重新作为托运行李进行托运。

2. 不属于超规行李拦截范围的例外

1）外交信袋。
2）不超过 75 千克的占座行李。

3）随机押运的贵重物品、文件等。

4）旅途中使用的医疗设备。

5）残疾旅客的助残设备。

四、登机口登机秩序规定

1. 随时登机旅客范围

1）重要旅客。

2）头等舱、公务舱旅客。

3）航空公司贵宾卡旅客。

4）军人及其随行家属。

2. 先行登机旅客范围

1）有人押运遣返旅客、罪犯旅客和押运人员。

2）携带婴儿旅客、无成人陪伴儿童旅客等特殊旅客。

3）携带占座行李旅客。

3. 最后登机旅客范围

经济舱旅客。

任务实施

一、任务描述

根据航空公司工作安排，在上海站做好 2020 年 8 月 7 日的 MU5147 航班由上海前往北京的登机口旅客登机工作。其中旅客李长江未在规定时间内登机，需要进行零分减客操作。

二、任务准备

1）登机口工作柜台。

2）登机控制系统登机口终端机。

三、安全及注意事项

1）注重对超规行李的登机口拦截，保证飞行安全。

2）在引导远机位的进港航班的旅客时，必须注意停机坪上的过往车辆和滑行飞机，防止意外发生。

四、操作过程

序号	步骤	操作方法及说明	质量标准
1	航前广播	① 航班计划起飞前 45 分钟，人工广播航班预登机时间、航班优先登机次序。 ② 若航班不能准点登机，人工广播延误原因和航班预登机时间	旅客明确登机时间和登机次序
2	维持旅客登机次序	① 巡视登机口周边区域，安排需要特殊帮助的旅客优先登机。 ② 若发现未按照登机次序排队的旅客，劝说其按次序等候登机 	旅客后续登机秩序好，客舱不拥堵
3	拦截超规行李	若发现旅客随身携带超大、超重、超件行李，则及时拦截并劝说其托运 	客舱无溢出行李，保证飞行安全

续表

序号	步骤	操作方法及说明	质量标准
4	开启航班和验牌准备	进入旅客登机界面，准备进行旅客登机操作 	系统运行正常，能保证登机操作顺利进行
5	通知旅客登机	打开广播系统，进行登机广播	旅客明确登机信息
6	组织旅客登机	① 打开旅客登机界面，接过旅客登机牌，查验登机牌航班号、日期正确，安检章无误。 ② 扫描登机牌上的二维码，撕取登机牌副联。 	旅客不错乘航班，保障空防安全

序号	步骤	操作方法及说明	质量标准
6	组织旅客登机	③ 若使用人脸识别智能化登机系统，则旅客可以通过人脸识别或登机牌、乘机证件自助完成登机操作 	旅客不错乘航班，保障空防安全
7	查找未及时登机旅客	① 根据未登机旅客列表中所显示的信息，人工广播航班号、未登机旅客姓名、登机口号，进行催促登机广播。 ② 旅客李长江在登机口关闭时间未到达登机口，选中该旅客，单击"旅客拉下（F5）"按钮，按照规定进行减客处理 	保证旅客及时登机，航班准点出发
8	结束登机	① 单击"航班关闭（F6）"按钮，再单击屏幕右侧的"刷新航班（R）"按钮或按 Alt+R 组合键以查看当前为航班最新信息，清点登机牌副联数量与系统中已登机旅客是否一致。 ② 与客舱乘务员复核登机人数。 ③ 单击屏幕右侧的"关闭航班（N）"按钮关闭航班，回收业务用品 	保证空防安全要求

问题情境

1）某日，由 A 地前往 B 地的航班预计起飞时间为 8:20。登机口工作人员 7:56 接到上客通知后，开始组织旅客登机，系统显示旅客人数为 141。为保障航班正点，登机口工作人员加快了验放的速度，旅客于 8:08 登机完毕（系统显示登机人数、登机牌副联人数都是 141）。登机口工作人员到飞机上与乘务人员核对人数，乘务人员告知机上旅客人数为 140，再次清点仍为 140。如何处置？

提示：登机口工作人员应该严格执行登机旅客的验放程序，不能疏漏任何一个环节、一个细节。在本次问题情境中，工作人员工作急躁，没有处理好安全与正点的关系，未能按要求登记工作流程操作，没有严格执行"一看，二刷，三复核"的规定，没有做到一人一牌验放，也没有在航班乘机过程中对旅客登机注意事项进行提醒，造成航班人数与实际登机人数不符。

2）某日，由 A 地前往 B 地的航班预计 8:20 起飞，停靠远机位，旅客由 B6 登机口登机。在组织旅客登机过程中，工作人员发现部分旅客登机牌二维码不清晰，无法扫描。如何处置？

提示：旅客登机牌二维码不清晰，可以采取手工输入座位号的方式进行验放。

考核评价

评价类别	评价内容	评价标准	分值	得分
理论知识	复述登机口操作的流程	准确复述登机口操作的流程。每处遗漏或复述错误扣 2 分	20 分	
操作技能	登机准备	准确发布预登机信息。预登机信息准确得分，信息不准确或不完整 0 分	10 分	
		维持好旅客登机秩序。旅客登机秩序良好得分，登机秩序混乱 0 分	10 分	
		准确拦截旅客携带的超规行李。漏检 1 件超规行李 0 分	10 分	
	登机操作	准确发布登机信息。登机信息准确得分，信息不准确或不完整 0 分	10 分	
		熟练操作登机口系统完成登机检票工作。对旅客登机口检票操作错误的 0 分	10 分	
		及时查找未登机旅客。能查找到未登机旅客信息得分，反之 0 分	10 分	
	登机结束	准确复核登机人数。登机人数复核准确得分，反之 0 分	10 分	
职业素养	空防安全意识	在为旅客提供登机服务的过程中，严格检查旅客登机信息，无错漏情况的得分	10 分	

拓展训练

某日，由上海经停西安前往西宁的航班于 14:25 登机，旅客人数为 169，飞机正点关舱门。后来由于执行该航班的飞机机械发生故障，15:45 左右，旅客全部下飞机到候机楼等候，工作人员立即清点过站登机牌在登机口发放。由于天气寒冷，旅客全部堵在登机口造成登机口拥挤，部分旅客没有领取登机牌便冲进了隔离厅。

请运用所学知识，简述如何在旅客再次登机时，在保障空防安全的前提下，保证全部旅客顺利登机。

职业能力四　提供抵港航班旅客的引导服务

核心概念

抵港航班旅客引导服务是工作人员在旅客抵达目的（及中转）站时，负责完成旅客下机、分流及中转或提取行李的引导服务。

学习目标

1. 通过航班动态信息系统及时了解抵港航班动态。
2. 准确复述引导服务中的职责。
3. 准确复述廊桥口或远机位抵港航班旅客引导的操作流程。
4. 明确廊桥和远机位进港航班旅客引导时的安全及注意事项。
5. 在抵港航班旅客的下飞机引导工作过程中，准确地为旅客提供引导服务，培养细致的工作习惯。

相关知识

一、旅客引导服务开始前的准备工作

1）了解抵港航班动态，核对航班号、飞机号、预计落地时间、停靠廊桥位/远机位等信息（图 2-1-6）。

	机号	机型	进港	前站	航班日	预到	变更	实到	进位
1	B5257	737	MU5290	温州	01-26	1120	1126	1138	053
2	B5030	737	MU5478	太原	01-26	1150	1141	1143	008
3	B6601	320	MU5358	长沙	01-26	1155	1158	1203	014

图 2-1-6　进港航班动态信息

2）了解航班是否有重要旅客、特殊旅客或中转旅客，并按需准备相关服务保障用品或设备。

3）检查对讲机、手机及系统手持终端机等设备是否完好。

4）航班停靠远机位时，根据到达旅客预报人数在航班起飞前 30 分钟联系好旅客摆渡车。

5）接机工作人员应在航班到达前 15 分钟到达指定廊桥位/远机位待命。

二、旅客引导服务进行中的职责

1）注意观察现场情况，旅客下客梯车时做好安全提醒服务。

2）控制旅客摆渡车上规定人数（≤75 人/车），避免车辆超载或车内拥挤。

3）远机位航班旅客下客时，控制好客梯车上规定人数（≤15 人/车），避免客梯车过载、倾斜而引发侧翻事故。

4）通知驾驶员启动旅客摆渡车前，必须检查并确认车门处于关闭状态。

5）如果遇到特殊情况，则应及时反馈并主动处置。

▣ 任务实施

一、任务描述

2023 年 10 月 27 日，根据当天机场地面服务部门工作安排，许多实习生将为从成都飞往上海浦东的 MU5414 航班的旅客进行抵港航班的接机引导服务工作。

二、任务准备

1）航班信息系统。

2）过站登机牌。

三、安全及注意事项

1）引导在廊桥的进港航班旅客时，工作人员在等待航班靠桥期间，禁止站立在"禁止站立区"内。

2）在引导远机位的进港航班旅客时，工作人员必须注意停机坪上的过往车辆和滑行飞机，防止意外发生。

四、操作过程

序号	步骤	操作方法及说明	质量标准
1	提前到岗	按航班预计到达时间 15 分钟前在指定桥位/停机位等候、准备接机	在规定时间前到达指定位置
2	开启舱门	① 飞机到达后，接机人员在目测登机廊桥或客梯车停稳后，与登机廊桥操作员或客梯车司机再次确认方可跨前至廊桥与飞机舱门相接处或走上客梯车到飞机舱门处。 	明确登机廊桥或客梯车最终停稳，并确认所接航班

续表

序号	步骤	操作方法及说明	质量标准
2	开启舱门	② 接机人员用敲击门外侧两下的方法敲客舱门，并以竖起大拇指为信号示意乘务员可以开启舱门。 ③ 如果没有回应，则慢慢数到 10 后，再重复此操作，直至客舱门开启。若客舱门仍未开启，则接机人员须联系机务人员寻求帮助。 ④ 开启客舱门后，与乘务人员确认航班号、到达旅客人数、特殊情况及行李提取转盘号等信息。 ⑤ 廊桥航班接机人员退至安全距离，远机位航班接机人员下客梯车	明确登机廊桥或客梯车最终停稳，并确认所接航班
3	下机引导	① 示意乘务人员可让旅客下机，其中国际航班必须等待边防人员到达并同意后方可使旅客下机。 ② 停靠廊桥的航班旅客下机时，接机人员在手持引导牌的同时，用语言和手势引导旅客前行的方位（如告知旅客向左或向右拐弯进入到达厅）和提取托运行李的转盘号码。 ③ 停靠远机位航班下机时，接机人员站位于客梯车旁，还须控制好客梯车上规定人数，在向旅客表示欢迎时提醒旅客注意脚下安全。 ④ 引导远机位航班旅客上摆渡车，控制好摆渡车上旅客不要超过规定人数。 ⑤ 如果有高舱位或特殊旅客下机，接机人员应首先协助与之相关的工作人员完成下机流程。 ⑥ 向过站旅客发放过站登机牌，分流及引导过站或中转旅客前往相对应的候机区域	不超过客梯车或摆渡车规定人数荷载上限，确保旅客不走错行进路线
4	下机结束	① 所有旅客下机后须等待乘务人员清舱，然后接机人员与乘务长交接确认，并确保无旅客逗留在廊桥内或机坪上。 ② 国际航班下客完毕后，接机员将 3 份申报单和旅客名单送到入境边防、海关和卫生检疫处	确保廊桥内或机坪上无逗留旅客

　问题情境

　　由 A 地抵达 B 地的航班到达后，飞机停靠远机位。在最后一辆摆渡车驶离后，机务人员发现一名旅客由于下机后在接机人员的视线外拍照留念而滞留在机坪上。

　　提示：工作人员应该严格执行抵港航班接机操作程序，不能疏漏任何一个环节、一个细节。在本次问题情境中，接机人员在引导旅客上摆渡车和确认下机旅客是否全部上摆渡车时存在疏漏或死角。

考核评价

评价类别	评价内容	评价标准	分值	得分
理论知识	复述廊桥口或远机位抵港航班旅客引导的操作流程	准确复述廊桥口或远机位抵港航班旅客引导的操作流程的得分。每处遗漏或复述错误扣4分	20分	
操作技能	引导服务准备	准确核对航班号、飞机号、预计落地时间、停靠廊桥位/远机位等信息。核对信息准确得分，信息不准确或不完整0分	10分	
		准确检查并携带工作用手机、对讲机或其他手持终端机等通信设备。设备完好得分，设备缺损0分	10分	
		按规定时间到达接机地点等候接机。提前或准时到岗得分，晚于规定时间0分	10分	
	旅客引导服务	规范使用语言和手势引导旅客。语言和手势规范得分，不规范0分	10分	
		按照特殊旅客服务规范完成或协助完成特殊旅客下机流程。操作规范得分，不规范0分	10分	
		准确分流及引导过站旅客或中转旅客。分流无差错得分，出现差错0分	10分	
	引导服务结束工作	保证旅客下机完毕并与乘务长交接后，无旅客逗留在登机廊桥内或停机坪上。接机人员离开工作岗位后无逗留旅客得分，发现有逗留旅客0分	10分	
职业素养	细致的工作习惯	在抵港航班旅客的下飞机引导工作过程中，准确地为旅客提供引导服务，无差错行为得分，出现差错0分	10分	

拓展训练

由南昌经停虹桥前往青岛的航班预计于10:10抵达虹桥机场，航班号为3Q5501，飞机号为B5002，旅客人数为134，其中到达旅客102人、过站旅客32人，飞机将停靠54号远机位。运用所学的相关业务知识，简述该抵港航班旅客引导服务的流程。

工作任务二　服务登机口的不正常航班

职业能力一　按照规定处置航班延误情况，
并协助该航班旅客安排后续行程

■ 核心概念

不正常航班是指由天气或机械故障等造成的不能按公布的时间正常飞行的航班。

■ 学习目标

1. 准确区分不正常航班的种类。
2. 准确复述航班延误的原因和责任划分。
3. 准确阐述航班延误的处置方法。
4. 按照航班延误处置方法处置航班延误情况，协助旅客安排后续行程。
5. 在处置航班延误过程中，主动为旅客提供后续处置服务，体现民航真情服务的理念。

■ 相关知识

一、不正常航班的种类

  1）不符合正常航班全部条件的航班为不正常航班。
  2）发生返航、改航、备降和飞行事故等不正常情况的航班。
  3）取消航班不再执行或取消航班另行补班。
  4）因故临时改变计划，未按原计划执行的航班。

二、航班延误的原因和责任划分

  1. 航班延误的原因

  造成航班延误的原因通常比较复杂，不同航企划分的航班延误的原因也不尽相同，见表2-2-1。

表 2-2-1　航班延误原因分类

编号	航班延误的原因	编号	航班延误的原因	编号	航班延误的原因	编号	航班延误的原因
01	天气	07	工程机务	13	运输服务	19	飞行机组
02	流量控制	08	市场计划	14	飞机清洁	20	乘务
03	禁航	09	机场设施	15	油料保障	21	人为
04	空防	10	航行保障	16	食品供应	22	其他
05	地面事故	11	场区秩序	17	安全检查		
06	飞行事故	12	旅客	18	联检		

注："07 工程机务"原因中包括航材原因。

2. 航班延误的责任划分

造成航班延误的责任性质可分为承运人原因和非承运人原因两类。

1）承运人原因：工程机务、市场计划、运输服务、飞行机组及乘务等。

2）非承运人原因：天气、流量控制、禁航、空防、地面事故、飞行事故、机场设施、航行保障、场区秩序、旅客、飞机清洁、油料保障、食品供应、安全检查、联检、人为及其他等。

非承运人原因可能还包括：①罢乘旅客（在不正常航班开始登机后，拒绝登机的旅客）；②占机旅客（在不正常航班到达目的地后，拒绝下机的旅客）。

三、航班延误的处置方法

2017 年 1 月 6 日，民航局发布了《中国民航局运输司关于国内航空公司、机场实施〈航班正常管理规定〉相关工作情况的通告》。根据该通告的相关要求，国内航空公司对航班延误后的服务内容及补偿方案进行了修订。除个别民营航空有限公司外，国内航空公司将实施新的延误补偿标准。例如，国内某航空公司的服务内容及补偿方案如下。

1. 出港延误及取消后服务内容

1）由于机务维护、航班调配、机组等航空公司的原因，造成航班在始发地出港延误或取消，航空公司将为旅客提供航班动态信息及餐食、住宿服务。

2）由于天气、突发事件、空中交通管制、安检及旅客等不属于航空公司的原因，造成航班在始发地出港延误或取消，航空公司将为旅客提供航班动态信息，协助旅客安排餐食、住宿，费用由旅客自理。

3）航班在经停地点延误或取消，或者国内航班发生备降，无论何种原因，航空公司将为旅客提供餐食或住宿服务。

2. 航班延误补偿条件及标准、补偿方式

1）补偿条件及标准。由于机务维护、航班调配、机组等原因，造成航班延误，需根据延误的实际情况，为旅客提供经济补偿。延误 4 小时（含）以上不超过 8 小时，每位旅客补偿人民币 200 元；延误 8 小时（含）以上，每位旅客补偿人民币 400 元。

2）补偿方式。经济补偿有多种方式，航空公司需根据并尊重旅客本人的意愿和选择，通过现金、购票折扣或里程等任意一种方式予以兑现。

3. 信息通告

当航班因天气、突发事件、空中交通管制等原因发生机上延误时，应及时将延误原因和预计延误时间向旅客进行通告。如果预计延误时间超过 30 分钟，每隔 30 分钟重新核实延误信息并向旅客发布。

4. 餐饮服务提供时间

1）机上延误时间超过 2 小时（含），在不影响飞行、客舱安全和不造成航班进一步延误的情况下，应为旅客提供饮用水和食品。

2）出港发生机上延误时，如果航班计划未配备餐饮，则应及时根据配餐公司提供的餐饮加配时间及航班预计起飞时间，在条件允许的情况下提前通知配餐公司加配餐饮。

5. 下机条件及限制

1）满足以下条件之一时，应安排旅客下机。

① 出港航班机上延误时间超过 3 小时（含）且无明确的起飞时间时，如果飞机仍在停机位，则应联系地面保障单位，安排旅客下飞机等待；如果飞机已经推出，则应在不违反航空安全、安全保卫规定的情况下，请示空管部门同意后，滑回机位安排旅客下机。

② 出港航班机上延误期间，如果旅客因自身原因提出下机，在不违反航空安全和安保规定的前提下，尽快安排旅客下机。

2）满足以下限制之一时，应禁止或暂缓旅客下机。

① 因空防或安保需要时。

② 机场海关、边检部门对国际和地区航班旅客下机有明确限定时。

③ 当飞机滑回可能对机场运行秩序造成较大影响时。

▤ 任务实施

一、任务描述

根据航空公司工作安排，在上海站做好 2020 年 8 月 7 日由上海前往北京的 MU5147 航班因为天气原因延误的处置工作。

二、任务准备

1）航班信息系统。

2）登机口操作柜台。

3）空白航班延误通告。

4）饮料、点心、盒装餐食样品，一次性餐具等。

三、安全及注意事项

1）能及时向旅客做好解释工作，保证旅客及时了解航班延误信息。

2）在处置过程中注意岗位规范用语，严格按规定处置，避免激发与升级旅客对航空公司的不满情绪。

四、操作过程

序号	步骤	操作方法及说明	质量标准
1	发布延误信息	① 广播延误信息并张贴延误公告。 ② 为旅客提供延误信息咨询	使旅客及时了解航班延误信息
2	开具延误证明	为需要的旅客开具航班不正常证明 **航班不正常证明** **PASSENGER CERTIFICATE OF IRREGULAR FLIGHT** 编号：SHA-200807100012 	方便旅客后续进行航班退改签操作

续表

序号	步骤	操作方法及说明	质量标准
3	安排食宿	① 为旅客发放延误餐食、饮料。 ② 人工广播集中地点，安排旅客到宾馆休息 	符合航班延误处置规定
4	发放补偿金	如果航班延误原因和延误时长符合标准，则按照规定为旅客发放补偿金	符合航班延误处置规定

问题情境

1）某日，从 A 地回程 B 地的航班，飞机由于机械故障在 A 地临时更换飞机执行，共计延误 4 小时 40 分钟，航空公司按照规定为每位旅客补偿了 200 元，并安排了宾馆供旅客休息。在处置过程中，有 23 位旅客拒绝去宾馆休息，并因对补偿金额不满意而拒绝领取补偿金，扬言要在 B 地拒绝下机。如何处置？

提示：按照中国航空运输协会《航空运输服务质量不正常航班承运人服务和补偿规范（试行）》的若干规定，航空公司的处置方法合理。按照《中华人民共和国民用航空法》中对强行登占航空器违反的相关法律和会受到处罚的相关内容，为旅客解释相关规定，进行耐心劝说。

2）由 A 地计划前往 B 地的航班，由于机械故障造成航班延误 13 小时左右，致使 92 名旅客滞留在 A 地机场。作为航班延误的处置措施之一，旅客在候机期间，地面服务人员为旅客提供了方便面及矿泉水，然而由于工作人员未认真查验所供应餐食的有效期，部分旅客在吃了地面服务人员提供的餐食后出现腹泻、头晕等症状，引发矛盾。如何处置？

提示：及时安排有经验的人员到现场进行处理，安抚好旅客的情绪；及时为有需要的旅客安排医护人员进行检查，并为受影响的旅客提供适当的补偿，以获得旅客的谅解；马上安排人员将不合格产品全部收回；现场处理妥当后，尽量留下旅客的联系方式作为跟踪回访的资料，并在问题发生的次日及时对旅客进行跟踪回访，全程关注旅客的健康状况，以取得旅客的谅解。

考核评价

评价类别	评价内容	评价标准	分值	得分
理论知识	复述造成航班延误的原因和责任划分	准确复述造成航班延误的原因和责任划分得分。每处遗漏或复述错误扣4分	20分	
操作技能	通知旅客航班信息	及时向旅客通报航班延误信息。信息准确得分，信息不准或不完整0分	10分	
	开具延误证明	为有需要的旅客及时开具航班延误证明。正确完成证明填写得分，反之0分	10分	
	安排餐食和住宿	按照规定，为符合条件的旅客安排餐食和住宿。餐食安排合理得10分，住宿安排合理得10分	20分	
	发放补偿金	按照规定，为符合条件的旅客发放补偿金。补偿金发放遵守规定得分，反之0分	10分	
	后续处置咨询	根据航班延误的不同情况选用合适方法为旅客解决问题。后续处置措施符合规定得10分，同时满足旅客要求得10分	20分	
职业素养	民航真情服务理念	在处置航班延误过程中，有主动为旅客提供后续处置服务行为的得分	10分	

拓展训练

2013年1月3日，刚投入使用半年多的云南昆明长水机场出现大雾天气，导致440个航班被取消，约7 500名旅客被滞留。1月4日，机场计划起降航班940架次。受航班高峰时段流量控制等影响，导致1月4日仍有大量航班延误。试说明如果你是登机口工作人员，该采取哪些措施解决旅客的问题。

职业能力二　按照操作流程接收、安置备降到本站的航班

核心概念

航班备降是指飞机在执行某一地航班任务时，由于天气、航路、机械故障等原因不能降落指定机场而改降至备降机场。

学习目标

1. 准确复述备降航班的概念。
2. 准确阐述备降航班的处置规定。
3. 按照备降航班操作流程接收、安置备降到本站的航班。
4. 在接收、安置备降到本站的航班的过程中，及时发现旅客需求并主动提供相关服务，体现民航真情服务的理念。

📗 相关知识

一、备降航班处置的一般规定

1）因受突发情况或不可抗力影响，某航班临时在非计划的中途经停地或目的地降落，均视为备降航班。

2）备降航班均不按正常航班处置，备降航班旅客的服务标准均应不低于其他不正常航班服务标准。

3）航班飞越原经停航站，应尽可能帮助旅客转乘其他航班到达目的地。

4）原则上禁止旅客在备降航站（中途加降）终止旅行，特殊情况（病危、伤亡等）除外，国际航班必须事先征得所在地有关当局同意。

5）备降航班旅客终止旅行时，其托运的行李必须同时卸机。

6）尽可能安排备降航班的重要旅客、头等舱旅客、公务舱旅客、特殊旅客在专用地点休息等候。

二、备降航班处置的操作流程

1）在航班降落前了解航班信息（如航班号、飞机号、航程、备降原因、停机位、落地后预计起飞时间等）。

2）在航班降落前了解旅客信息（如旅客人数、有无重要旅客或特殊旅客、旅客是否留在飞机上等候等）。

3）旅客在机上等候的处理方法。

① 通过机上广播通知旅客航班备降原因、预计停留时间。

② 在停留时间较长须安排旅客下机休息时，如果有旅客行动不便不愿意下机，则应征得机长同意，为旅客安排在机上休息等候。

4）旅客下机等候休息的处理方法。

① 为下机旅客发放备降航班登机牌（图2-2-1），也可以用过站登机牌（图2-2-2）替代，并提醒旅客保存好原登机牌和备降航班登记牌。原登机牌和备降航班登机牌的用途：作为食宿安排凭证和再次登机使用；在重新登机时回收备降航班登机牌，按牌清点登机旅客人数。

图 2-2-1　备降航班登机牌

图 2-2-2 过站登机牌

②引导旅客下机并安排休息。如果有重要旅客、高舱位旅客或特殊服务旅客，则应派专人做好服务工作，并提供相应的休息室。

③航班备降并等待时间较长时，按照航企规定为旅客提供免费餐饮和住宿服务。

5）备降航班重新登机时，回收过站登机牌，并查验旅客原登机牌。登机结束后核对旅客人数。

三、航班在备降站延误或取消的处理方法

1）除（病危、伤亡等）特殊情况外，一般不鼓励旅客在备降站终止旅行计划。

2）如果旅客要求终止旅行，则退还其未使用航段的全部票款（但所退票款不得超过旅客支付的实际票价），不收取退票费。同时回收登机牌。

3）终止旅行旅客的行李必须同时卸机。

四、旅客改乘其他航班的工作流程

1）引导旅客取回托运行李后至柜台办理转乘手续，并回收登机牌。

2）由办理乘机手续的工作人员逐一登记旅客姓名和客票号码，填写航班中断舱单。

▇ 任务实施

一、任务描述

2020 年 8 月 7 日的 MU5147 航班由上海前往北京，由于北京天气原因，航班备降天津。请根据相关规定处置该航班备降现象。

二、任务准备

1）航班信息系统。

2）登机口操作柜台。

3）备降航班登机牌或过站登机牌。

4）饮料、点心、盒装餐食样品，一次性餐具等。

三、安全及注意事项

第一时间通知旅客航班信息，耐心地向旅客解释，注意岗位规范用语，严格按程序

设计的时间点操作。

四、操作过程

序号	步骤	操作方法及说明	质量标准
1	了解信息	① 了解备降航班信息。 ② 了解备降航班旅客信息	明确相关信息，为后续服务做准备
2	继续航程处置	① 若旅客在机上等候，则广播备降航班备降原因、预计停留时间，安排旅客在机上休息等候。 ② 若旅客下机等候，在登机口发放备降航班登机牌或过站登机牌。 ③ 备降航班登机时，收取旅客手中的备降航班登机牌或过站登机牌，复核登机人数	保证空防安全，确保旅客顺利出行
3	自愿中断航程处置	① 询问自愿中断航程的旅客有无托运行李。若有托运行李，则通知地面装卸部门翻舱寻找。 ② 陪同旅客离开隔离区	保证空防安全

📋 问题情境

旅客王某乘坐由 A 地前往 B 地航班，因 B 地天气原因，飞机备降 C 地。地面服务人员为所有旅客安排了地面休息，而旅客王某放弃了航空公司的安排，自己改变交通方式乘坐火车回到了 B 地。旅客王某到原售票处要求退票时，发现其客票状态为"已使用"状态，旅客手中也无相关延误证明，售票处不予退票，故来电投诉。如何处置？

提示：该情况属于旅客自愿中断航程，客票已使用，不能进行任何退改签。

📋 考核评价

评价类别	评价内容	评价标准	分值	得分
理论知识	阐述备降航班处置规定	准确阐述备降航班处置规定。每处遗漏或阐述错误的扣 4 分	20 分	
操作技能	信息了解情况	准确了解备降航班的相关信息。信息准确得分，信息不准确或不完整 0 分	10 分	
	继续航程处置	根据备降航班的不同情况选用合适的方法为旅客服务。每项处置方法选用合适得 20 分	40 分	
	自愿中断航程处置	按照旅客的要求，完成托运行李交接得分，反之 0 分	20 分	
职业素养	民航真情服务理念	在接收、安置备降航班的过程中，有及时发现旅客需求并主动提供相关服务行为的得分	10 分	

📋 拓展训练

某国际航班由于浦东机场雷雨天气备降虹桥机场，飞机于 18:30 落地，并由航空公司派专车将有后续在浦东机场转机的旅客送至浦东机场。由于当时备降航班较多且边防计算机和现场计算机系统均发生故障，造成旅客过关较慢。其中一批 12 人团体旅客，因一人签证问题被边防扣留等待处理，而边防处理好之后，已是 23:30，该团体旅客后续浦东转机航班已起飞。

请运用所学知识，为该团体旅客设计一份处理方案。

工作领域三　旅客行李发放服务

　　随着旅客自我保护意识的提高和法律意识的增强，行李查询和行李损失的赔偿日趋成为航空运输服务问题的焦点。行李赔偿额的不断增长，因为行李而引发旅客投诉率的节节攀升，再加上行李赔偿限额提高等外界因素影响，使航空公司意识到旅客行李运输在航空运输中的重要作用。

　　在本工作领域中，你将按照旅客行李发放服务的工作流程，具体完成行李提取现场服务、行李不正常运输处理等典型工作任务，结合1+X民航旅客地面服务职业技能等级标准中初级和中级部分要求，掌握行李服务的相关技能要求与知识。

工作任务一　行李提取现场服务

职业能力一　引导旅客至指定地点提取行李，协助旅客前往查询柜台办理行李不正常登记手续

核心概念

行李不正常运输是指行李在运输过程中发生的错运、错卸、损坏、遗失等不正常情况。

学习目标

1. 准确复述行李查询巡视岗位的基本要求。
2. 准确复述航班到达后首件及末件行李的交付时间。
3. 引导旅客至指定地点提取行李。
4. 协助旅客前往查询柜台办理行李不正常登记手续。
5. 在协助旅客提取行李过程中，做好旅客的答疑工作，培养耐心细致的工作态度。

相关知识

一、行李查询巡视岗位的基本要求

1）携带必要的工作设备（通信设备或手持终端机）按时到达指定的工作区域。
2）通过航班动态信息系统了解本次航班将使用的行李提取转盘。
3）负责检查并确认行李提取转盘的运行情况。
4）负责行李传送过程中的疏导工作。
5）负责协助旅客提取行李。
6）在行李传送过程中发现异常情况及时通报相关部门。
7）负责向查询主管及时上报本区域内的突发事件。
8）协助旅客前往查询柜台办理行李不正常登记手续。
9）按要求记录当日的工作情况。

二、航班到达后首件及末件行李的交付时间规定

1）200 座以上的机型：首件行李应在 20 分钟内交付旅客，末件行李应在 60 分钟内全部交付完毕。
2）200 座以下的机型：首件行李应在 15 分钟内交付旅客，末件行李应在 45 分钟内全部交付完毕。

3）不同航站的情况不同，标准也有所不同。

▨ 任务实施

一、任务描述

根据航空公司工作安排，为由北京飞来的 MU5148 航班旅客提取托运行李，进行现场巡视与引导。

二、任务准备

1）航班动态信息系统。
2）行李查询系统。
3）行李查询柜台。
4）到达行李提取转盘。
5）行李箱样品。

三、安全及注意事项

在引导旅客的同时做好答疑服务，并主动协助老弱病残及需要帮助的旅客提取行李。

四、操作过程

序号	步骤	操作方法及说明	质量标准
1	巡视行李转盘	① 提前上岗，检查到达行李转盘显示是否正常。 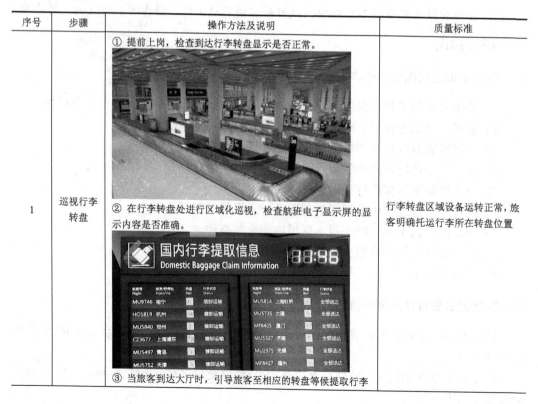 ② 在行李转盘处进行区域化巡视，检查航班电子显示屏的显示内容是否准确。 ③ 当旅客到达大厅时，引导旅客至相应的转盘等候提取行李	行李转盘区域设备运转正常，旅客明确托运行李所在转盘位置

续表

序号	步骤	操作方法及说明	质量标准
2	现场巡视旅客行李提取情况	① 监控重要旅客行李、头等（或公务）行李、优先行李是否优先转出。 ② 行李通过转盘送出时，引导旅客提取行李。 ③ 发现行李错卸转盘时，及时引导和通知旅客。 ④ 主动发现并帮助老弱病残者提取行李	保证旅客顺利提取托运行李
3	处理特殊情况	① 若航显或转盘发生故障，则通知相关人员维护设备，做好旅客提取行李的引导工作。 ② 若行李发生少收、破损等情况，则引导旅客至行李查询柜台处理。 ③ 当有超规行李或小动物由专门超规行李通道传出时，应及时从转盘上取下。 ④ 若旅客提取行李完毕，行李转盘上仍有剩余行李时，为避免影响下一航班，则将剩余行李搬下转盘，在现场看管，过后无人认领则交到行李查询柜台。 ⑤ 发现有速运行李、错运行李等，则及时交由行李查询柜台处理。 ⑥ 若捡到或搬运服务人员交来的旅客遗留物品，及时交由行李查询柜台人员处理	保证旅客顺利提取托运行李

问题情境

旅客宋先生乘坐航班由北京返回上海，由于当时外面有人等候，下飞机后就匆匆离开了，回家后才想起有一件托运行李没有提取，赶忙回到机场寻求帮助。应如何处理？

提示：工作人员会将无人认领的行李集中至行李查询柜台统一存放保管。宋先生赶回机场后，无法进入行李提取处，须出示行李牌和告知行李特征，由工作人员代为领取后，转交旅客。

考核评价

评价类别	评价内容	评价标准	分值	得分
理论知识	复述行李查询巡视岗位的基本要求	准确复述行李查询巡视岗位的基本要求的得分。每处遗漏或复述错误扣2分	10分	
	复述航班到达后首件及末件行李的交付时间	准确复述航班到达后首件及末件行李的交付时间的得分。每处遗漏或复述错误扣5分	10分	
操作技能	现场巡视旅客行李提取情况	引导旅客至指定行李提取转盘提取行李。引导准确得分，反之0分	10分	
		在行李未在规定时间内交付旅客时，了解原因并向旅客做出解释，岗位用语规范。解释错误扣20分，每处用语不规范扣10分	40分	
	处理特殊情况	按照操作规范正确处理行李转盘巡查时可能遇到的特殊情况。每项特殊情况处置错误扣10分	20分	
职业素养	耐心细致的工作态度	在协助旅客提取行李过程中，做好旅客的答疑工作，主动热情，工作无差错的得分	10分	

拓展训练

简述在行李查询巡视岗位的工作注意事项，并用自己亲身经历过的事情或从网上查找的案例加以佐证。

职业能力二　按作业流程查验和发放行李，并将多收行李登记移交或入库

核心概念

多收行李是指每一次航班行李交付工作完毕后，仍然无人认领的行李。

学习目标

1. 准确复述行李交付的一般规定。
2. 准确复述行李牌检查的注意事项。
3. 准确复述行李保管的注意事项。

4. 按行李作业流程查验和发放行李。

5. 按照行李作业规定将多收行李登记移交或入库。

6. 在旅客行李发放过程中，仔细核查行李信息，培养严谨细致的工作态度。

相关知识

一、行李交付的一般规定

1）旅客应在航班到达后立即在机场凭行李牌的识别联领取行李。必要时，应交验客票。

2）承运人凭行李牌的识别联交付行李，对于领取行李的人是否确系旅客本人，以及由此造成的损失及费用，不承担责任。

3）旅客在领取行李时，如果没有提出异议，即为托运行李已经完好交付。

4）如果旅客遗失行李牌的识别联，则应立即向承运人挂失。如果旅客要求领取行李，则应向承运人提供足够的证明，并在领取行李时出具收据。如果在声明挂失前行李已被冒领，则承运人不承担责任。

二、行李牌检查的注意事项

1）在旅客提取行李离开出口前，逐牌核对查验，避免发生行李错拿事件。

2）核对旅客的行李提取联与行李上的行李牌号码是否相符（图 3-1-1）。

图 3-1-1　行李牌核对查验

3）撕下旅客登机牌上的行李提取联（图 3-1-2）并回收。

图 3-1-2　旅客的行李提取联与行李上的行李牌

4）如果旅客的行李提取联或手持的行李提取联号码与行李上的行李牌号码不符，请旅客确认手持的行李提取联与要取走的托运行李是否有误。

5）必要时，可请旅客开箱确认内物，在确认无误后可将行李交付给旅客。

6）如果当场一时无法开箱确认，则请示有关上级处理。

7）团体旅客集中提取行李时，联系团队导游或领队核对行李数量，抽验行李牌，并留下联系方式以备需要时使用。

三、行李保管的注意事项

1）当班未能同机到达或到达后无人认领的行李，必须妥善保管。

2）当行李搬入库房时，应在行李上拴挂多收行李牌，在上面注明航班的有关信息。

3）在保管期间，任何人不得私自开启行李。需要时应在得到值班领导的同意后，会同班（组）长一起检查清点行李，并做好有关记录备查。

4）与旅客同机到达目的站的行李，旅客应在当日提取，如果当日未提取，则从行李到达的次日起收取保管费。

5）未与旅客同机到达的行李，自承运人发出到达通知次日起，免费保管 3 天，过期核收保管费。

6）由承运人过失造成行李延误到达，在行李到达后，应予免费保管。

7）无法交付的行李，自行李到达的次日起，超过 90 天仍无人领取，承运人可按照无法交付行李的有关规定处理。

▮ 任务实施

一、任务描述

根据航空公司工作安排，为由北京飞来的 MU5148 航班旅客提取托运行李，进行行李发放工作。

二、任务准备

1）航班动态信息系统。
2）行李查询系统。
3）行李查询柜台。
4）到达行李提取转盘。
5）行李箱样品、行李牌。

三、安全及注意事项

行李牌检查要迅速且正确，避免旅客误拿行李，特别要防范个别不良旅客故意错拿别人的行李牟利。同时在验牌中注意岗位规范用语，向旅客致谢。

四、操作过程

序号	步骤	操作方法及说明	质量标准
1	检查行李牌	① 在行李到达转盘前及时到达岗位。 ② 对旅客提取的托运行李进行行李牌核对	旅客提取的行李无差错
2	处理无人认领行李	航班结束后如果有无人认领行李，则称重后拴挂多收行李牌，并在多收行李登记本上登记 **多收行李处理登记表** （表格：多收编号、附加信息、颜色/类型、遗留航班分析、填表人、查询结果、处理记录、重量KG、经手人、海关签单）	正确处理无人认领行李
3	多收行李处理	① 如果多收行李有破损，在称重后做简单的修补，如上锁或铅封，在多收行李处理登记本上注明破损情况和铅封编号。 ② 将登记完毕的多收行李移交行李查询员或入库后进入下一流程处理	正确处理多收行李
4	结束航班	将查验的行李提取联清点数量后留存备查	保证旅客行李提取无差错

问题情境

旅客赵女士到站提取行李后，发现登机牌和行李牌都不见了。如何为该旅客检查行李牌？

提示：按照规定，旅客应在航班到达后立即在机场凭行李牌的识别联提取行李。旅客如果遗失行李牌的识别联，则应立即向承运人挂失。如果旅客要求领取行李，则应向承运人提供足够的证明，并在领取行李时出具收据。如果在声明挂失前行李已被冒领，则承运人不承担责任。随着技术的发展，从 2019 年 7 月开始，部分航空公司已经开始试行电子行李牌服务，今后旅客就不会再有行李牌遗失的烦恼。

考核评价

评价类别	评价内容	评价标准	分值	得分
理论知识	复述行李交付的一般规定	准确复述行李交付的一般规定的得分。每处遗漏或复述错误的扣 5 分	20 分	
操作技能	检查行李牌	准确检查旅客行李牌，行李发放准确无误。旅客行李牌每项信息核实错误扣 20 分	40 分	
	处理多收行李	正确处理无人认领行李和其他多收行李。多收行李处置正确得分，反之 0 分	30 分	
职业素养	严谨细致的工作态度	在旅客行李发放过程中，仔细核查行李信息，无差错现象的得分	10 分	

拓展训练

　　旅客李先生乘坐航班到达上海后，在提取托运行李时，发现自己的行李箱不见了，转盘上只留下一件与自己的行李箱相似的行李。后来在工作人员的多方协调下，终于将李先生被他人错拿的行李找到了。在行李交付过程中如何避免此类事情发生？

工作任务二　处理行李不正常运输

职业能力一　按照不正常运输行李的信息，准确填写行李运输事故记录单

■ 核心概念

行李运输事故记录单是发生行李短少或破损/内物短少后旅客与航空公司之间的重要联系依据，行李运输事故记录单一式三联，其中第一、第二联由行李查询部门留存，第三联交旅客收执，作为领取行李的凭证或行李索赔的依据。

■ 学习目标

1. 准确复述行李不正常运输的定义和分类。
2. 准确阐述行李运输事故记录单的填写方法。
3. 准确阐述国际航空运输协会行李识别图的使用方法。
4. 运用国际航空运输协会行李识别图描述行李外形特征代码。
5. 按行李少收、多收、破损、内物短少等不同类别填制不正常运输记录单据。
6. 在处理不正常运输行李过程中，严格按照流程处置，培养规范操作的服务意识。

■ 相关知识

一、行李不正常运输的定义

行李不正常运输是指行李在运输过程中发生的错运、错卸、损坏、遗失等不正常情况。

二、行李不正常运输的分类

行李不正常运输分为以下类型：行李少收、行李多收、行李破损、内物缺少、非托运行李损失（仅限于承担公司有过错的运输责任）。

三、行李运输事故记录单的填写方法

对于旅客托运行李发生的运输事故，行李运输事故记录单（图 3-2-1）中需要填写以下信息。

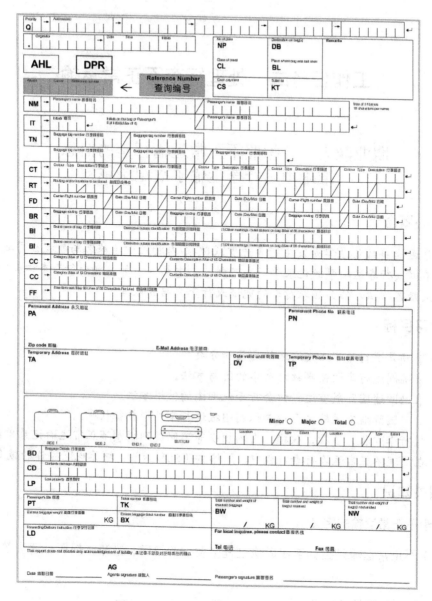

图 3-2-1　行李运输事故记录单（样张）

1.　电报优先级别代码及收报地址

1）Priority：填写电报优先级别代码，通常使用 QU（快报）或 QD（平报）两种。

2）Address（es）：填写向相关航站拍发查询电报的收报地址，其中部门代码"LL"为国际行李查询部门，"LN"为国内行李查询部门，"LZ"为行李查询中心。

2.　发报地址及日时组

1）Originator：填写本部门的发报地，其中部门代码的使用与收报地址相同。

2）Date、Time、Initials：日时组（即电报身份识别）须使用格林威治时间（GMT），需要时可在日时组后用"/"加上简要附注，如经办人员代号等。如果在代理其他航空公司业务时，则可根据约定在日时组（即电报身份识别）前使用双签字。

电报优先级别代码及收报地址和发报地址及日时组填写样例见图 3-2-2。

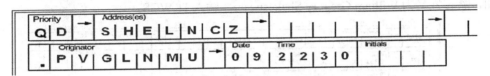

图 3-2-2　电报优先级别代码及收报地址和发报地址及日时组填写样例

3. 事故类别

1）AHL——Advise if hold（少收）。

2）DPR——Damage / Pilferage（行李破损/内物短少）。

填写行李运输事故记录单时，用笔在相应的事故类别上画"√"。

事故类别和查询编号填写样例见图 3-2-3。

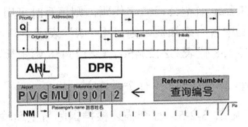

图 3-2-3　事故类别和查询编号填写样例

4. Reference number（查询编号）

Airport、Carrier、Reference number：填写行李运输事故航站的三字代码与承运旅客最后一段航程的航空公司的二字代码。末尾 5 位阿拉伯数字的前 2 位代表当前月份，后 3 位代表序号。例如，PVGMU03001 代表中国东方航空公司浦东航站 3 月第一个行李少收（破损/内物短少）案。

工作人员在填制完行李运输事故记录单后，应告诉旅客有关查询编号及联系电话，便于旅客日后通过电话查询。

5. NM—Passenger's Name（旅客姓名）

工作人员可以参照旅客的机票，在相关的空格内填写旅客的姓和名，中间用"/"间隔，见图 3-2-4。如果同时有多名旅客报失，则应在各个姓名之间用"/"间隔。例如，两名同姓旅客：

NM MARLOW/PHILIP/JAMES。

6. IT—Initials（缩写）

填写旅客标记在行李上的缩写或旅客全名的缩写（最多 4 个字母），见图 3-2-4。例如，旅客姓名为 William Gregory Shakespeare，输入 IT WGS。

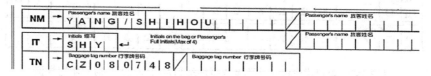

图 3-2-4　旅客姓名、缩写和行李牌号码填写样例

7. TN—Baggage Tag Number（行李牌号码）

1）填写行李牌上所显示的航空公司二字代码及最后 6 位号码。

2）如果行李牌上所显示的号码不足 6 位，则填写时应在该号码前加"0"，补足 6 位。如超过 6 位号码，应填写最后 6 位数字。

3）如果行李牌上未显示航空公司二字代码，则填写时可用"YY"表示。

4）如果行李牌号码中含有未知数，则可用"X"表示。

例如，TN CZ123456/58 代表 CZ123456、CZ123458 两张行李牌。

8. CT—Colour Type Description（行李描述）

行李描述填写样例见图 3-2-5。行李描述根据国际航空运输协会公布的行李识别图中色彩二字代码、行李类别二字代码（图 3-2-6）及行李的辅助信息（图 3-2-7）组构成，总共 7 个字符，应注意行李辅助信息按照英语字母的排列顺序填写。

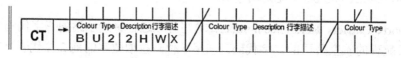

图 3-2-5　行李描述填写样例

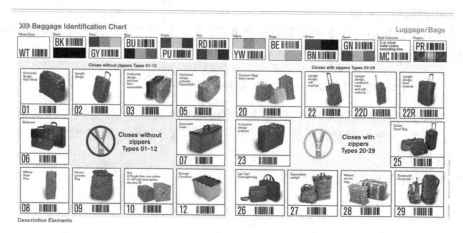

图 3-2-6　色彩二字代码和行李类别二字代码

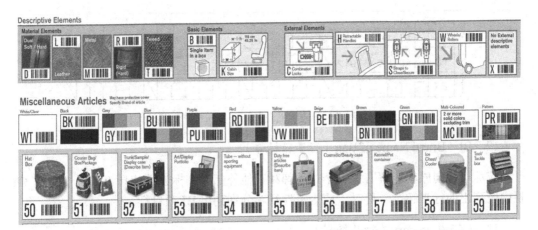

图 3-2-7　色彩二字代码、行李类别二字代码和行李的辅助信息

例如，红色硬壳竖式带锁滑轮拉杆箱应描述为 RD02CHW（图 3-2-8），蓝色帆布手提包应描述为 BU26TXX（图 3-2-9）。

图 3-2-8　行李描述 RD02CHW

图 3-2-9　行李描述 BU26TXX

9. RT—Routing and / or Locations to be Traced（航程及经停点）

按航班始发至到达顺序依次填写旅客全程中所经过的每个机场的三字代码。

10. FD—Carrier-Flight Number（航班号）、Date（Day/Mo）（日期）

填写航空公司二字代码、航班号（最长 4 个数字）及航班飞行日期的信息。按航班始发至到达顺序依次填写旅客行程所乘坐的每个航班及飞行日期。若航班号不明，则用 YY 表示，如 UA1255/18AUG/YY/20AUG/CA912/20AUG。

11. BR—Baggage Routing（行李航线）

此栏用于旅客更改了航班而行李牌未更改的情况，应填写行李牌上所显示的航程，填写方式同 FD 项，见图 3-2-10。

图 3-2-10　航程及经停点、航班号、日期和行李航线填写样例

12. BI—Brand Name of Bag（行李箱标牌）

应尽可能向旅客了解有关行李的品牌和其他外部详细标识性信息。如果 TN 及 CT 栏中所列出的行李超过一件时，应为每件行李分别列出 BI 项目行。

13. CC—Category（物品类别）

根据行李运输事故记录单第一联、第二联反面的行李内物参照表，列出主要行李内物，然后对其进行具体的描述。应尽量避免使用"Clothes"之类的泛称，而应使用如"RED T-SHIRT"这样的具有特征性的物品描述。

14. FF—Free Form Text（自由格式信息）

此栏可用自由体格式对行李或旅客进行具体描述。

15. NP—No. of Paxs（同行人数）

填写与报失旅客同行的旅客人数（1、2、3）。

16. CL—Class of Travel（舱位等级）

填写旅客所乘坐的舱位等级（F、C 或 Y）。

17. CS—Cash Payment（费用的支付）

填写已支付给旅客的赔偿费用，并用指定的英文字母加以区别（表 3-2-1）。

表 3-2-1　赔偿费用英文代码

赔偿费用英文代码	赔偿费用项目
A－ADVANCE	临时生活用品补偿费
D－DELIVERY	行李地面运送费用
F－FINAL	行李最终赔偿金额
I－INSURANCE	保险费用
X－OTHER	其他费用

例如，CS A/CNY100 表示已支付临时生活用品补偿费人民币 100 元整。

18. DB—Destination on Bag（S）（行李牌目的站）

填写行李牌上所显示的航程终点站的三字代码（不一定就是旅客的目的站）。

19. BL—Place Where Bag Waslastseen（最后一次见到行李的航站）

填写旅客最后一次见到行李的航站的三字代码。

20. KT—Toilet Kit（临时生活用品）

有的航空公司不支付临时生活用品补偿费，而是发放临时生活用品，须在该栏填写。

21. PA—Permanent Address（永久地址）

填写旅客的永久地址，包括 Zip code 邮编和 E-Mail Address 电子邮件地址，见图 3-2-11。

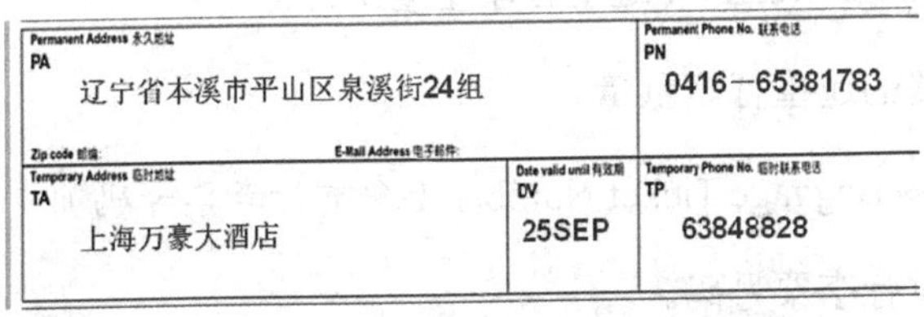

Permanent Address 永久地址 PA 辽宁省本溪市平山区泉溪街24组 Zip code 邮编:　E-Mail Address 电子邮件:		Permanent Phone No. 联系电话 PN 0416－65381783
Temporary Address 临时地址 TA 上海万豪大酒店	Date valid until 有效期 DV 25SEP	Temporary Phone No. 临时联系电话 TP 63848828

图 3-2-11　永久地址、联系电话和临时地址填写样例

22. PN—Permanent Phone No.（联系电话）

填写旅客的永久联系电话，见图 3-2-11。

23. TA—Temporary Address（临时地址）

填写旅客的临时联系地址，见图 3-2-11。

24. DV—Date valid until（有效期）

填写旅客临时地址的有效期。

25. TP—Temporary Phone No.（临时联系电话）

填写旅客的临时联系电话。

26. Description of Damage（破损情况）

行李破损时填写。

27. BD—Baggage Details（行李信息）

填写行李的具体详细信息。

28. CD—Contents Damege（内物破损）

填写内物破损的具体情况（用于 DPR 案件）。

29. LP—Lost Property（遗失物件）

填写内物遗失的具体情况（用于 DPR 案件）

30. PT—Passenger's Title（称谓）

填写 MR、MS 或 MRS。

31. TK—Ticket Number（机票号码）

填写旅客的机票号码。

32. Excess Baggage Weight（逾重行李重量）

填写旅客已付费的逾重行李重量。

33. BX—Excess Baggage Ticket Number（逾重行李票号码）

填写旅客的逾重行李票号码。

34. LD—Forwarding/Delivery Instruction（行李交付记录）

填写行李的交付方式。

35. BW—Total Number and Weight of Checked Baggage（所有托运行李的总件数和重量）

填写旅客所有托运行李的总件数和重量。

36. Total Number and Weight of Bag（s）Received（已收到行李总件数和重量）

填写旅客已收到行李的总件数和重量。

37. NW—Total Number and Weight of Bag（s）Mishandled（发生运输事故的行李总件数和重量）

填写发生少收（或破损/内物短少）的行李的总件数和重量。

38. For local inquires，please contact（查询热线）

填写本站行李查询办公室的电话和传真号码。

39. Date（填制日期）

填写制单日期。

40. AG—Agent's Signature（填制人）

工作人员在此签名，电报中填写格式：PVGLNMU/DG。

41．Passenger's Signature（旅客签名）

请旅客在此签名。

四、填写行李运输事故记录单的补充说明

1）在行李运输事故记录单中分别在行李的正反视图、左右视图、上下视图中标出行李破损部位，并根据行李受损程度在 MINOR（轻微）、MAJOR（严重）、TOTAL（全部破损）三项中选择其中一项打"√"，表示破损程度。在破损代码栏中以标准格式描述行李受损情况。

2）常见的行李受损部位、程度及其代码的表示（表 3-2-2）。

表 3-2-2　行李受损部位、程度及其代码

破损 部位	TOP 顶部	END 边缘	SIDE 侧面	BOTT 底部
	ALL 全部破损	NONE 无破损		
破损 程度	MI 轻微 MINOR	MA 严重 MAJOR	TL 全部 TOTAL	
破损 代码	01 把手 HANDLE	02 锁头 LOCK	03 破洞 HOLE	04 撕裂 TORN
	05 刮痕 SCRATCHED	06 底部/导轮 FOOT/GUIDE	07 拉链 ZIPPER	08 绑带 STRAP
	09 框架 FRAME	10 碎裂 CRUSHED	11 污损 STAINED	12 接合部 BINDINGS
	13 铰链 HINGES	14 凹陷 DENTED	15 内物 CONTENTS	16 其他 OTHER

五、行李识别图的使用方法

1）行李的颜色：用英语二字代码表示。

WT：白色/透明。

BK：黑色。

GY：灰色、铝色、银色。

BU：蓝色。

RD：红色、粉红色、紫色、紫红色。

YW：黄色、橘黄色、金色。

BE：米色、奶油色、象牙色。

BN：棕色、棕褐色、灰褐色、古铜色、铁锈色。

GN：绿色、橄榄色。

MC：2 种或 2 种以上的单色（装饰物除外）。

TD：粗花呢。

PR：花纹的、印花的、点状图案的、条纹图案的、方格图案的。

2）行李的形状：用二位数字代码表示。

① 01～11 型：不带拉链的行李（No Zippers）。

01 型：一般的硬壳横式行李箱。

02 型：带拉杆的硬壳竖式行李箱。

03 型：较为老式的硬壳行李箱，有的有金属包角。

04 型：不可撑开的行李箱，质地一般为皮或人造革。

05 型：可撑开的行李箱。

06 型：公文包。

07 型：公文箱。

08 型：圆筒状具有军队风格的软包。

09 型：开口可用绳子收紧的圆筒状软包（野营袋、洗衣店装衣服的袋子或垃圾袋）。

10 型：纸箱、木箱、金属箱、塑料箱。

（如果箱子内只装有一种物品，则应使用 01～99 代码加上行李辅助信息 B。

例如，一个白色纸箱内装一台黑色计算机，则标示为 BK82BXX，黄色用其他方法注明）。

11 型：一般指放摄影器材用的硬壳行李箱。

② 20～29 型：带拉链的行李（Bags with zippers）。

20 型：西装包（打开的或折叠的），有时有拉杆。

22 型：带拉杆的软箱。

23 型：不带拉杆的软箱，框架只有一条拉链。

24 型：一般指小型的有 2 个把手的软包。

25 型：一般用于装体育用品的方形软包，有时有拉杆。

26 型：有肩带的扁形软包。

27 型：高的软包，一般可收缩。

28 型：各种编织袋。

29 型：双肩背包。

③ 50～99 型：其他行李物品（Miscellaneous Articles）。

例如，53 型：桶状的物体。

62 型：高尔夫用品。

66 型：滑雪用品。

70 型：婴儿推车。

93 型：购物袋/包。

98 型：长柄伞。

3）行李的辅助信息：用一个英语字母表示。

C：密码锁。

H：行李拉杆。

P：兜。

W：轮子。

重要提示：区别行李形状的关键在于行李有无拉链。

任务实施

一、任务描述

旅客李长江乘坐 MU5148 航班由北京到达上海虹桥，托运一个 Samsonite 品牌的、带轮子的红色硬壳拉杆箱。但该旅客在目的地未能取到行李，行李牌号码为 MU811343，箱子内装有糖果、一双男式运动鞋、两条黑色长裤及一本杂志，旅客的联系电话为14012340000。请在行李查询柜台处理该少收行李。

二、任务准备

1) 行李查询柜台。
2) 环球行李查询系统（World Tracer）。
3) 电传电报（TTY）系统。
4) 行李运输事故记录单。
5) 行李识别图样本（彩色）。

三、安全及注意事项

在填写行李运输事故记录单前必须首先核实旅客托运行李的相关记录和票据。

四、操作过程

序号	步骤	操作方法及说明	质量标准
1	查询旅客行李信息	① 使用环球行李查询系统进行查询，了解该旅客的行李是否有延误的消息。 QD PEKLNMU SHALNMU CANLNMU .TAOLNMU 270903 OHD TAOMU 27002 NM LICHANGJIANG IT LCJ TN MU811343 CT RD02CHW RT PEK/SHA FD MU5512/270CT BI SAMSONITE FF ID LABEL ON BAG SI BAG FWD TO TAO BY ERR X PLS CHK N ADV TAOLNMU IF U NEED X TAOMU/WANG = ② 如果该旅客的行李有延误信息，则从行李延误电报上了解行李延误的原因和准备使用哪个航班运到本站，把以上信息告知旅客。 ③ 如果行李没有延误消息，则进行本站查询，查找现场是否有相似的遗留行李，是否被其他旅客错拿	确认行李是否延误或遗漏在本站

序号	步骤	操作方法及说明	质量标准
2	查验旅客有关票证及行李有关数据资料	查验旅客行李牌信息，确认是否为免除责任行李牌及免责的项目；旅客姓名与行李牌上所显示的姓名是否一致；行李牌上所显示的航班、航程、日期、目的地；行李的件数、重量 	明确旅客托运行李信息
3	填写行李运输事故记录单	会同旅客填写行李运输事故记录单 	行李运输事故记录单填写正确

续表

序号	步骤	操作方法及说明	质量标准
4	填写内物问卷	指导旅客填写内物问卷 	明确行李内物,方便查找行李
5	支付临时生活费	① 因航空公司原因造成旅客的托运行李未能与旅客同机到达,给旅客的生活造成不便,应根据实际情况向旅客一次性支付临时生活用品补偿费并填写临时生活日用品付款单。 ② 如果旅客的永久或长期住址是当地的,可以不付临时生活费。行李经查询找到后,旅客不需要退还临时生活费	保证旅客生活方便
6	查询并告知旅客进展	① 拍发少收行李报,查询行李信息。 ② 主动联系旅客,告知查询进展	及时进行后续行李查询

◼ 问题情境

旅客报告2件行李未收到,经查询此2件行李延误的原因是始发站漏装,将用后续航班第二天速运本站。工作人员现场为旅客填开了行李运输事故记录单，答复第二天将行李送到旅客住处。旅客当场提出索赔要求：①要求补偿往返机票一张；②要求公司派车将他们送到本地家中或补偿他们回家的交通费。应如何处理？

　　提示：行李晚到当日不能交付旅客，非本地旅客，我们可以补偿临时生活费。但此2件少收行李的旅客为本地有住房的旅客，我们可以按旅客要求快速将行李快递交付旅客。旅客的其他要求为不合理要求。

考核评价

序号	评价内容	评价标准	分值	得分
理论知识	阐述行李运输事故记录单填写方法	准确阐述行李运输事故记录单填写方法的得分。每处遗漏或错误的扣2分	20分	
操作技能	查询旅客行李信息	通过正确的途径查询旅客行李。完成旅客行李信息查询得分，反之0分	10分	
	受理到达行李少收案件	正确填制到达行李少收运输记录单据。每处填写错误或漏填扣10分	50分	
		按到达少收行李作业流程向旅客补偿临时生活费。完成旅客补偿临时生活费发放得分，反之0分	10分	
职业素养	规范操作服务素养	在与旅客交流过程中岗位用语规范，能体现服务素养。每处用语不规范扣5分	10分	

拓展训练

　　旅客 WANG/JIANCHEN 于 2022 年 7 月 15 日乘坐 MU5143 航班由香港到上海浦东国际机场，共托运 2 件行李（黑色××牌双肩背包和黄色纸箱），总重量为 30 千克。到达后该旅客只收到一件 YW10（12 千克）行李。

　　查询编号：PVGMU09099。

　　行李牌号：MU654338。

　　客票号：781-2231548874。

　　少收行李内物：书、鞋、衬衫。

　　旅客地址：上海星光路 180 号 12101 室。

　　旅客电话：86427531。

　　身份证号：310122198501014195。

　　暂住地址：上海香山饭店。

　　饭店电话：24681357。

　　有效期：7 月 20 日。

　　请根据以上信息填写行李运输事故记录单（图 3-2-12）。

Property IrrEgularity Report(PIR)
行李运输事故记录

AHL OHD P IL DMG	查询电话 For local enquires pleases contact	请保留机票底联 Please retain your Passenger coupon of ticket	附注Remarks 本表有效期2年 This form is valid for two years

Airport　Carrier　Number of file

□ MR.　□ MRS.　□ OR.
□ MS.　□ MISS.　_____

NM Passenger-Surname　Passenger-Surname　Passenger-Surname

IT Initials

TN Carrier-bag tag number | Carrier-bag tag number | Carrier-bag tag number | Carrier-bag tag number | Carrier-bag tag number

CT Color Type Description | Color Type Description | Color Type Description | Color Type Description | Color Type Description

RT Routing and/or locations to be traced

FD Carrier flight NO. | Date | Carrier flight NO. | Date | Carrier flight NO. | Date | Carrier flight NO. | Date

TAG(S)ATTACHED

BI Brand name of bag　Distinctive outside identification　(1)Name and/or initials on bag Description Hotel stickers on bag

BI Brand name of bag　Distinctive outside identification　(1)Name and/or initials on bag Description Hotel stickers on bag

BI Brand name of bag　Distinctive outside identification　(1)Name and/or initials on bag Description Hotel stickers on bag

CN Contents(no more than 4 distinctive items)　(1)

CN Contents(no more than 4 distinctive items)　(2)

CN Contents(no more than 4 distinctive items)　(3)

FI Forwarding Instruction　F|W|D|　T|A|G|/|D|E|S|T|—　L|/|S|—

MARK DAMAGED AREA IN DIAGRAMS 标出破损部位	DESCRIPTION OF DAMAGE 破损说明	质地 Material　商标 Brand Name

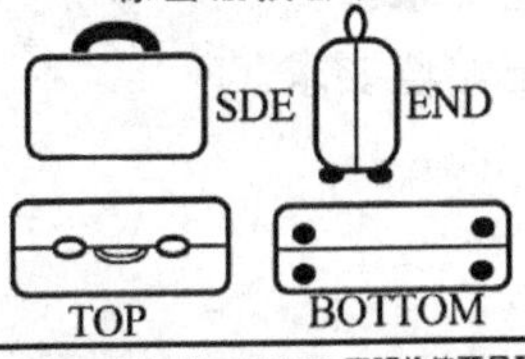

SDE　END

TOP　BOTTOM

DESCRIPTION OF DAMAGE 破损说明

□ Outside structure 外部结构　□ TOM 撕裂　□ Stained 污染
□ Frame 柜架　□ Dented 凹陷　□ Scratched 划破
□ Handle 把手　□ Cracked 开裂　□ Missing 丢失
□ Lock(s) 锁　□ Others 其他
□ Wheel 轮子

购买日期 Purchase Date

购买价格 Original Cost

赔付方式 Finally Settled by
□ 现金 Cash　□行李箱 Replacement Bag
□ 其他
Others _____

□　Excesss Valuation TKT NO. 声明价值票号码
□　Excess Baggage TKT NO. 逾重行李票号码

附件说明　Supplementary Information

机票号码 Ticket Number

舱位等级　Class

旅客永久地址及电话
Permanent address and telephone number

交运行李总件数/重量 Total pieces/weight of checked bags　pc(s)/	**BW** _____ kg(s)/	如有保险，请填入保险公司名称 Name of insurance company if any	
已到托运行李/重量 Pieces/weight of checked bags received　pc(s)/	**DW** _____ kg(s)/	行李交付信息　Local delivery instructions	旅客临时住址及电话 Temporary address and telephone number
发生事故行李件/数量 Pieces/weight of missing/damaged bags　pc(s)/	**NW** _____ kg(s)/		Until直至 _____
经手人签字 Agent signature		日期 Date of issue	旅客签名 Passenger's signature

本记录不涉及对任何责任之承诺

图 3-2-12　空白行李运输事故记录单

职业能力二　现场处理行李破损、内物短少等事宜

核心概念

行李破损是指旅客的托运行李在运输过程中，外部受到损伤或受污损，因而使行李的外包装或内装物品可能或已遭受损失。

内物短少是指旅客的托运行李在运输过程中，发生内装物品部分遗失的情况。

学习目标

1. 准确复述行李破损的定义和赔偿规定。
2. 准确复述行李内物短少的定义和赔偿规定。
3. 准确阐述行李破损和内物短少的赔偿限额。
4. 按照不正常行李处理规定，为旅客现场处理行李破损、内物短少等事宜。
5. 在为旅客处理行李破损、内物短少等事宜过程中，认同旅客的心理感受，体现民航真情服务意识。

相关知识

一、处理行李破损的赔偿规定

1）在下列条件下可以接受旅客对行李破损提出的赔偿要求。

① 旅客在行李提取现场发现行李破损时立即口头提出赔偿要求。

② 在收到破损行李的 7 天内书面提出赔偿要求。

2）以下行李破损情况不属于航空公司的责任。

① 行李箱（包）表面正常的轻微磨损或玷污。

② 行李严重超重，或者因内物超过行李容量极限造成行李破损。

③ 行李牵引带或其他可脱卸附件遗失。

④ 航空公司无过错的非托运行李损失。

3）旅客向公司索取破损行李赔偿时必须提供下列内容。

① 旅客全程机票及行李牌、逾重行李票。

② 提供原始受损箱包。

③ 出示能证实为公司责任的证据（适用于非当场申报）。

二、处理内物短少的赔偿规定

1）内物短少须由旅客主动申报，航空公司有义务为旅客查找短少的内物。

2）内物短少如同遗失行李，无论其本身价值是否昂贵，均按托运行李所短少的重量和标准赔偿。

3）行李外包装完好（锁扣未打开或损坏）及行李重量不低于托运行李的总量均不

受理内物短少申报。

4）在内物短少的重量无法确定时，均按短少内物重量折算表进行估算后得出的重量作为行李短少重量的依据。

5）任何情况下不主动提出、暗示或赞同行李内物短少系由被盗引起。

6）旅客可以在提取到行李后 7 天内申报内物短少，并提供下列内容：①旅客全程机票及行李牌、逾重行李单；②提供原始受损行李的箱或包；③出示能证明责任为航空公司的证据（适用于非当场申报）。

三、行李破损、污损或内物短少的赔偿限额

1）属于国内运输的托运行李全部或部分损坏、污损或内物发生短少，赔偿金额通常每千克不超过人民币 100 元。如果行李的价值每千克低于人民币 100 元，通常按照实际价值赔偿。多数航空公司将每名旅客的非托运行李的赔偿限额设为人民币 3 000 元。已收逾重行李费退还。

2）国际航班、港澳台航班（包括构成国际运输的国内航段）中对于符合《华沙公约》缔约条件的赔偿责任限额，托运行李赔偿限额为每千克 17SDR[①]，如果行李的实际损失低于此标准，则将根据行李的实际损失进行赔偿，每名旅客的非托运行李的赔偿限额为 332SDR。目前，仅剩越南、孟加拉国、斯里兰卡等部分亚洲线适用华沙公约；而对于符合《蒙特利尔公约》缔约条件和不属于公约界定的国际运输的行李赔偿责任限额，如果能提供合理的损失证明，则将根据行李的实际损失进行赔偿，但每名旅客托运行李和非托运行李的赔偿限额均为 1288SDR。

3）旅客的托运行李部分遭受损失，不管其损失价值如何，只能按所占损失行李全部重量中的比例赔偿。但是当部分损失影响同一件或同一批行李的其他物品的价值时，应当将受到影响的物品的重量一并计入行李赔偿重量。

4）行李损坏时，按照行李降低的价值赔偿或负担修理费用。

5）损失的部分行李物品在无法准确得知实际重量时，可以参照国际航空运输协会（简称 IATA）行李内物重量折算表[②]估算出损失物品的重量。

任务实施

一、任务描述

旅客刘丹于 10 月 27 日乘坐 FM5118 航班从北京抵达上海虹桥机场，在提取托运行李时，发现行李牌号码为 MU654343 的一只××牌蓝色软质拉杆箱拉链损坏，同时箱内的一块纪念金币不见了，旅客来到行李查询柜台请求帮助。请按规定进行处理。

---

① SDR 是指国际货币基金组织规定的特别提款权，SDR 的价值可在 www.imf.org 中查询（如 2024 年 11 月 15 日特别提款权汇率为 1 美元=0.74203 特别提款权）。

② IATA Passenger Services Conference Resolutions Manual "RECOMMENDED PRACTICE 1751 INTERLINE BAGGAGE CLAIM Attachment 'A' TABLE OF WEIGHTS"

国际航空运输协会旅客服务会议决议手册"推荐性操作规程第 1751 项联程行李赔偿附件'A'重量折算表"。

二、操作条件

1）行李查询柜台。

2）环球行李查询系统。

3）电传电报系统。

4）行李运输事故记录单。

5）行李识别图（彩色）。

三、安全及注意事项

1）在与旅客交流过程中岗位用语规范，能体现服务素养。

2）不主动提出暗示或赞同造成行李破损或内物短少的原因。

四、操作过程

序号	步骤	操作方法及说明	质量标准
1	处理破损行李	① 根据客票、行李牌核对旅客姓名、航程、日期是否相符，了解是否是本公司或本公司所代理航班。 ② 检查行李上是否拴挂有"免责行李牌"，如果有，则查看行李牌上是否注明"行李托运前已破损"或"包装不符合规定"等免责条款，如果行李托运时已注明，那么承运人就可免除上述责任。 ③ 会同旅客检查行李的外包装和内物损坏情况，明确责任。 ④ 检查是否有人为的开、撬现象，破损痕迹的新旧，行李本身的包装是否符合规定等，以明确是承运人还是旅客的责任。 ⑤ 如果属于承运人的责任，应立即在破损行李事故记录本上登记，请旅客填写旅客行李索赔单。 ⑥ 会同旅客填写行李运输事故记录单。 ⑦ 按照规定进行理赔	旅客提取的行李无差错
2	处理因航空公司原因造成的行李内物短少	① 在本站进行查询寻找。 ② 对行李进行称重。行李外包装完好且行李的重量不低于托运时所记录的重量而内物短少，不视为内物短少。 ③ 会同旅客填写行李运输事故记录单。 ④ 保管旅客内物短少行李的行李牌提取联和登机牌。 ⑤ 向行李的始发站、经停站拍发电报查询。 QD PEKLNMU .SHALNMU 270855 DPR SHAMU/10007 NM LIU/DAN MISS IT DL TN MU654343 CT RD22HWX RT PEK/SHA FD FM5118/270CT TD TOP/07MA LP A COMMEMORATIVE COIN SI SA BAG TOP TORN OPEN X ONE COMMEMORATIVE COIN WAS MSNG X WE WL COMP PAX CNY100 X AG SHAMU/J WANG = ⑥ 找到短少物品后，应尽快交付旅客。 ⑦ 经查找无下落，在规定时限内按规定办理赔偿	正确处理行李内物短少情况
3	处理因旅客原因造成的行李内物短少	① 向行李始发站或有关航站为旅客进行一次性查询寻找。 ② 找到短少物品后，尽快交付旅客。 ③ 如果未找到，则告知旅客，航空公司不承担赔偿责任	正确处理行李内物短少情况

问题情境

1）某日航班到站卸机时，一件行李掉到行李车的车轮下，从机坪拖到传送带，导致行李严重破损，当日装卸人员直接将受损行李放到行李传送带。旅客看到行李遭到严重破损，认为是航空公司的人为原因造成，当场拿出照相机拍照并让其他旅客为其作证，围观旅客也很多。作为行李查询柜台工作人员，发现该情况后应如何处理？

提示：在行李明显是因航空公司原因损坏的情况下，工作人员应该主动掌握情况，不能扩大负面影响，造成被动，应主动争取得到旅客的信任和谅解。同时，工作人员也要按照相关规定执行，对旅客的破损行李进行赔偿。

2）旅客黄某乘坐某航班到上海。提取托运行李后，称少了一盒价值 300 元的化妆品。工作人员在称重行李时，发现行李实际重量比行李牌上显示的托运重量多了 0.2 千克，并且旅客行李未上锁。作为行李查询柜台工作人员，发现该情况后如何处理？

提示：首先要严格按照内物短少流程操作，特别是要准确称取行李重量，因为重量是最终赔偿的有力依据。其次要关注旅客的诉求，在和旅客沟通时，工作人员会由于惯性思维，将沟通的重点放在规定的严格执行上，不予丝毫松口。由此，往往会将原本可以开放的沟通环境变得封闭，不利于沟通的进行。

考核评价

评价类别	评价内容	评价标准	分值	得分
理论知识	复述行李破损的赔偿规定	准确复述行李破损的赔偿规定的得分。每处遗漏或复述错误扣 2 分	10 分	
	复述行李内物短少的赔偿规定	准确复述行李内物短少的赔偿规定的得分。每处遗漏或复述错误扣 2 分	10 分	
操作技能	处理到达行李破损	按到达破损/污损行李作业流程受理不正常运输案件和选择赔偿方式完成到达破损/污损行李处置得分，反之 0 分	40 分	
	处理到达行李内物短少	按到达内物短少行李作业流程受理不正常运输案件和选择赔偿方式。完成到达内物短少行李处置得分，反之 0 分	30 分	
职业素养	民航真情服务意识	在为旅客处理行李破损、内物短少等事宜过程中，有认同旅客的心理感受表现，主动为旅客解决问题行为的得分	10 分	

拓展训练

旅客张某乘坐某航班到达上海虹桥机场，提取行李的时候，发现行李箱缺失一个轮子，行李价值人民币 13 000 元。经航空公司初步调查该行李为拴挂免责行李牌，现场赔偿旅客现金遭拒，旅客要求将行李修复完好。在表达了对航空公司的不满后，旅客打包内物将空行李箱放到机场，留下联系方式后自行离开机场。

请运用所学的相关内容，以一名航空公司工作人员的身份，制定后续处理方案。在课堂上进行情景模拟，运用制定的方案与扮演旅客的学生进行电话联系，在不违反规定的前提下，解决该行李破损事故。

主要参考文献

袁锦华，2019. 民航旅客地面服务（初级）[M]. 北京：中国民航出版社.

袁锦华，2019. 民航旅客地面服务（高级）[M]. 北京：中国民航出版社.

袁锦华，2019. 民航旅客地面服务（中级）[M]. 北京：中国民航出版社.

中国标准化委员会，2014. 民用航空旅客运输术语[M]. 北京：中国质检出版社.

中国航空运输协会，2021. 民航旅客地面服务职业技能等级标准[M]. 北京：中国民航出版社.

中华人民共和国人力资源和社会保障部，中国民用航空局，2022. 航空运输地面服务员[M]. 北京：中国劳动社会保障出版社.